JUNGES THEATER BASEL (HG.)
CHRISTOPH MERIAN VERLAG

ALFRED SCHLIENGER

JUNGES THEATER ZWISCHEN TRAUM UND REVOLTE

INHALT

6
ZUM GELEIT
MONICA GSCHWIND, VORSTEHERIN BILDUNGS-, KULTUR- UND SPORTDIREKTION DES KANTONS BASEL-LANDSCHAFT
ELISABETH ACKERMANN, REGIERUNGSPRÄSIDENTIN DES KANTONS BASEL-STADT

8
VOM GLANZ UND ZAUBER UNGESCHLIFFENER DIAMANTEN
EIN STREIFZUG MIT ALFRED SCHLIENGER DURCH VIER BEWEGTE JAHRZEHNTE DES JUNGEN THEATERS BASEL

22
«ICH WILL SEHEN, OB DIE ENERGIE STIMMT»
EIN GESPRÄCH MIT SANDRO LUNIN, DEM PROFUNDEN KENNER DES WELTWEITEN THEATERS, ÜBER ENTWICKLUNGEN UND TENDENZEN DES JUNGEN THEATERS IM IN- UND AUSLAND

26
THEATER HEISST, DAS MENSCHSEIN AUF DIE PROBE ZU STELLEN
DER BRITISCHE DRAMATIKER SIMON STEPHENS DENKT ÜBER DIE ROLLE DER GEWALT IM THEATER FÜR JUGENDLICHE NACH.

31
«WIR INVESTIEREN HIER LEBENSZEIT – UND DAS SOLL MAN AUF DER BÜHNE AUCH SEHEN»
EIN GESPRÄCH MIT SEBASTIAN NÜBLING, DEM WICHTIGSTEN REGISSEUR DER LETZTEN ZWANZIG JAHRE AM JUNGEN THEATER BASEL

34
STATEMENTS

36
BILDER 2017–2008

66
«DAS SCHÖNSTE IST, WENN SIE DAS ENTFALTEN KÖNNEN, WAS SIE MITBRINGEN»
EIN GESPRÄCH MIT HEIDI FISCHER, DER LEITERIN DES JUNGEN THEATERS BASEL VON 1990 BIS 2000, ÜBER IHRE SPEZIELLEN ERINNERUNGEN UND IHREN HEUTIGEN BLICK AUF JUNGES THEATER

70
KOMPLEXE BÜHNEN – FRAGILE PUBLIKA
DIE MEDIENWISSENSCHAFTLERIN ULLA AUTENRIETH ZU JUGENDLICHER SELBSTDARSTELLUNG UND BEZIEHUNGSAUSHANDLUNG UNTER DEN BEDINGUNGEN VERNETZTER KOMMUNIKATION

74
«ES BRAUCHT EIN SOLCHES LABOR, WO MAN ERFAHRUNGEN MACHEN KANN, DIE IN DIE GESELLSCHAFT ZURÜCKFLIESSEN»
EIN GESPRÄCH MIT DEM FILMEMACHER MICHAEL KOCH, DER ALS SPIELER BEIM JUNGEN THEATER BASEL BEGANN, ÜBER FRÜHE WAGNISSE UND FALLEN, SEINEN KÜNSTLERISCHEN WEG UND DIE UNTERSCHIEDE ZWISCHEN THEATER UND FILM

78
STATEMENTS

80
BILDER 2007–1998

106
THEATER UND ADOLESZENZ
EIN GESPRÄCH MIT DEN PSYCHOLOGINNEN BRIGITTE LATZKO UND INGRID HESSE ÜBER MÖGLICHKEITEN DES THEATERS ALS KONTEXT DER PERSÖNLICHKEITSENTWICKLUNG

109
«DU GEHÖRST HIERHER, DU GEHÖRST DAZU»
DIE AUTORIN UND MEDIENBERATERIN ANNE WIZOREK GEHT KLISCHEES UND DISKRIMINIERUNGEN IN DEN GESCHLECHTSROLLENZUSCHREIBUNGEN NACH.

114
«MAN MUSS DEN JUNGEN MENSCHEN ETWAS ZUTRAUEN, SONST KOMMT NICHTS RAUS»
EIN GESPRÄCH MIT DEM MULTITALENT SUNA GÜRLER, DIE AM JUNGEN THEATER BASEL SCHON FAST ALLES GEMACHT HAT, ÜBER IHREN PERSÖNLICHEN WEG, DIE WICHTIGKEIT DER GENDER-THEMATIK UND DIE FREUDEN DER STÜCKENTWICKLUNG

118
STATEMENTS

120
BILDER 1997-1988

146
«EIN WUNDERBAR GESCHÜTZTER RAUM FÜR UNGESCHÜTZTES»
EIN GESPRÄCH MIT ANNA JUNGEN, FRÜHER SPIELERIN BEIM JUNGEN THEATER BASEL, HEUTE RADIOJOURNALISTIN UND LEHRERIN, ÜBER DEN SINN VON NONSENS UND BLAUEN FLECKEN, DEN CHARME DES ENTSCHÄMENS UND DIE TOLLE ERFAHRUNG, DASS IMMER ALLE ETWAS INTERESSANTES BEITRAGEN KÖNNEN

149
WIEVIEL VIELFALT BRAUCHT DAS THEATER?
DIE DIVERSITÄTSEXPERTIN INÉS MATEOS REFLEKTIERT ÜBER JUNGES THEATER ZWISCHEN REPRÄSENTATION UND VERKÖRPERUNG SOWIE SEINE HERAUSFORDERUNGEN IN EINER SUPERDIVERSEN GESELLSCHAFT.

153
«WENN DU DAS ÜBERLEBT HAST, KANNST DU EASY ALLEM BEGEGNEN»
EIN GESPRÄCH MIT DER ‹THEATERFAMILIE› DALIT BLOCH, DANIEL BUSER, LAURIN UND TABEA BUSER ÜBER IHRE VIELFÄLTIGEN WEGE DURCHS JUNGE THEATER BASEL UND HINAUS INS KÜNSTLERISCHE EIGENLEBEN

158
STATEMENTS

160
BILDER 1987-1977

182
DIESES THEATER IST EINE ÜBUNG IN SACHEN GESELLSCHAFT
DER SOZIOLOGE UND KULTURTHEORETIKER DIRK BAECKER DENKT ÜBER JUNGE MENSCHEN AUF DER BÜHNE UND DIE BEDEUTUNG DER ARBEIT DES JUNGEN THEATERS BASEL NACH.

186
«WIR NEHMEN THEATER ALS DAS, WAS ES IST: EINE AGORA»
EIN GESPRÄCH MIT UWE HEINRICH, DEM HEUTIGEN LEITER DES JUNGEN THEATERS BASEL, ÜBER DAS GROSSE IM KLEINEN, DIE WICHTIGKEIT MORALISCHER FRAGEN, DIE GENERATION CHILL, DAS SUBVERSIVE POSING UND DAS PÄDAGOGISCHE AM UNPÄDAGOGISCHEN

192
PRODUKTIONEN

200
ALLE BETEILIGTEN DER ERSTEN 40 JAHRE

204
BILDNACHWEIS

206
DANK

208
IMPRESSUM

ZUM GELEIT

Liebe Leserinnen und Leser

Ein Jubiläum bietet immer die Gelegenheit, zurückzublicken. Das *junge theater basel* tut dies mit dem vorliegenden Band. Und es tut dies auf eine etwas andere Art und Weise, indem es anhand von Interviews und Beiträgen von Expertinnen und Experten einen Blick aus der Distanz wagt.

Diese etwas andere Herangehensweise spiegelt die Arbeit des *jtb* in den vergangenen vierzig Jahren wider. Die Verantwortlichen waren schon immer offen für neue Ansätze und Impulse. Gerade durch Kooperationen mit anderen Theatern und durch Gastspiele im In- und Ausland haben sie bewiesen, dass sie nie dem Gärtchendenken verfallen sind.

Im *jtb* nahmen die Berufswege vieler erfolgreicher Theaterschaffender ihren Anfang. Es ging dem *jtb* jedoch nie nur darum, möglichst viele Jugendliche für eine Theaterkarriere zu gewinnen. Vielmehr hatte und hat es den Anspruch, jungen Menschen die Möglichkeit zu bieten, sich auf der Bühne mitzuteilen, und gleichzeitig einem jungen Publikum Einblicke in die Theaterwelt zu vermitteln. Dies tut es, neben seinen Produktionen, durch unterschiedlichste Formate wie Theaterkurse, offene Bühnen und Arbeitstreffen mit grossem Erfolg.

Ich freue mich, dass der Kanton Basel-Landschaft durch die finanzielle Unterstützung des *jtb* dessen kontinuierliches kulturelles Engagement für Jugendliche aus der Region ermöglicht und fördert.

Ich gratuliere dem *jungen theater basel* herzlich zum Jubiläum!

Monica Gschwind
Vorsteherin Bildungs-, Kultur- und Sportdirektion
des Kantons Basel-Landschaft

Liebe Leserinnen und Leser

Theater ist eine Kunst des Augenblicks, des magischen Moments. Dennoch lohnt es sich, der Vergänglichkeit entgegenzuarbeiten und einige dieser Momente in Wort und Bild zu bannen. Ich freue mich, dass mit diesem Buch die verdienstvolle Arbeit des *jungen theaters basel* in den ersten vierzig Jahren seiner Geschichte so sorgfältig und umfangreich dokumentiert wird. So bietet das Buch ‹FOREVER YOUNG – JUNGES THEATER ZWISCHEN TRAUM UND REVOLTE› einen lebendigen Querschnitt durch Fragen und Aspekte, die junges Theaterschaffen immer beschäftigen, wie Identität, Selbstbestimmung, Integration und Rollenfindung von jungen Menschen in unserer Gesellschaft.

Auf dieser Grundlage können alle, die bei Aufführungen dabei waren, beim Durchblättern in Erinnerungen schwelgen und berührende Erlebnisse Revue passieren lassen. Zudem können alle, die sich im Rahmen von Forschungsvorhaben zur Theatergeschichte oder aus blosser Neugier für diese Aufführungen und ihre Hintergründe interessieren, sich ein Bild von den vielfältigen kulturellen Aktivitäten des *jungen theaters basel* verschaffen. Möge dieses Buch also eine wahre Fundgrube sein und in vielerlei Hinsicht lebhafte Anregung bieten!

Elisabeth Ackermann
Regierungspräsidentin des
Kantons Basel-Stadt

VOM GLANZ UND ZAUBER UNGESCHLIFFENER DIAMANTEN

EIN STREIFZUG DURCH VIER
BEWEGTE JAHRZEHNTE
DES JUNGEN THEATERS BASEL

Alfred Schlienger

Vorspiel

■ Was wollen wir, ob jung, ob alt, als Zuschauerin und Zuschauer im Theater? Zuerst einmal: überrascht werden – verführt, berührt, verzaubert. Im besten Fall auch irritiert, bereichert, verändert. Wir sollen, so darf man sich erhoffen, nicht gleich herauskommen, wie wir hineingegangen sind. Und alles leibhaftig. Hier und jetzt. Live und gemeinschaftlich. Real statt virtuell. Analog statt digital. Das kann so nur dieses seltsam altmodische Medium Theater.

Was aber soll etwas so Altmodisches wie Theater ausgerechnet jungen Menschen zu bieten haben? Wenn dieses Buch Ihnen, liebe Leserin, lieber Leser, dazu ein paar Einblicke und Antworten nahebringen kann, dann hat es einen wichtigen Zweck bereits erfüllt. Sinnvoll ist aber auch, gleich zu Beginn zu klären, was dieses Buch nicht sein will. Es erscheint zwar zu einem Jubiläum, aber es soll kein simples Jubelbuch werden. Leichter gesagt als getan. Denn ich will meine Begeisterung für dieses Haus und seine Arbeiten, die ich seit vierzig Jahren kenne und schätze, nicht verstecken – und ich will sie in den vielen Gesprächen für dieses Buch sicher auch niemandem verwehren. Das hat viele gute Gründe. → Sandro Lunin, der profunde Kenner der nationalen und internationalen Theaterszene, bringt es im Gespräch auf Seite 22 mit zwei Begriffen am knappsten auf den Punkt: Das *junge theater basel* sei in seinem Bereich einzigartig: «Pionier und Solitär». Das *jtb* ist das wohl am häufigsten ausverkaufte Theater der Schweiz, es tourt mit seinen Stücken im In- und Ausland, holt wichtigste Preise ab und zeichnet sich in seiner ganzen Geschichte durch eine aussergewöhnliche Kontinuität, Ernsthaftigkeit und Innovationskraft aus. Man könnte die Hymne locker verlängern. Aber keine Sorge, wir werden den kritischen Blick auf dieses theatrale Kleinod dort, wo er am Platz ist, nicht vernachlässigen.

Was Sie in diesem Buch erwartet

‹FOREVER YOUNG – JUNGES THEATER ZWISCHEN TRAUM UND REVOLTE› kann und will keine umfassende historische Aufarbeitung von vier Jahrzehnten *junges theater basel* sein. Das Buch bietet vielmehr Einblicke und Reflexionen zu zentralen Themen, Konzepten und Methoden, die junges Theater, auch über das kleine Haus auf dem Kleinbasler Kasernenareal hinaus, prägen und beschäftigen.

- ◆ Warum spielt das Ringen um Individualität und Souveränität, um persönliche und sexuelle Identität, um Solidarität und Gerechtigkeit eine so wichtige Rolle für

KASCH MI GÄRN HA! von Helga Fehrmann, Jürgen Flügge, Holger Franke 1977 Regie: Helmut Berger, Ingrid Hammer

junge Menschen? → Lesen Sie die Beiträge der beiden Psychologinnen Brigitte Latzko und Ingrid Hesse im Gespräch auf Seite 106 und der ‹Aufschrei›-Begründerin Anne Wizorek auf Seite 109.

- Weshalb setzt sich das *junge theater basel* auch mit Aspekten wie der unkontrolliert ausbrechenden Gewalt in unserer Gesellschaft auseinander? → Der britische Dramatiker Simon Stephens nimmt zu dieser Problematik auf Seite 26 Stellung.
- Welche Beziehungen gibt es zwischen den theatralen und den neuen digitalen Bühnen der sozialen Medien und welche Rolle spielen sie heute im Leben junger Menschen? → Die Medienwissenschaftlerin Ulla Autenrieth gibt darüber auf Seite 70 Auskunft.
- Wie schafft es heute ein Theater, auf seiner Bühne auch die reale gesellschaftliche Vielfalt im ‹postmigrantischen Zeitalter› abzubilden? → Die Diversitätsexpertin Inés Mateos formuliert dazu auf Seite 149 konkrete Ansprüche und Möglichkeiten.
- Und was hat dieses ganz persönliche Sich-Ausprobieren und Sich-Zeigen von jungen Menschen auf einer Theaterbühne mit dem zu tun, was wir Gesellschaft nennen? → Der Soziologe Dirk Baecker entwirft dazu auf Seite 182 eine Skizze.

Zudem bietet dieses Buch neben einem reichhaltigen Bildteil aus vier Jahrzehnten *junges theater basel* neun Interviews mit externen Fachpersonen und heutigen sowie ehemaligen Beteiligten an *jtb*-Produktionen. Vor den einzelnen Bildstrecken sind jeweils kurze Statements von Mitwirkenden aus dem jeweiligen Jahrzehnt eingestreut.

Die Magie des Anfangs

Der Startschuss mit den beiden ersten Produktionen DO FLIPPSCH USS und KASCH MI GÄRN HA! im April und Dezember 1977 ist bis heute legendär. Die Dialekt-Adaptionen der Stückvorlagen der Berliner Theater GRIPS und Rote Grütze setzen mit der Thematisierung von Schulabgang und Lehrstellensuche einerseits und dem irrwitzigen Spiel um Liebe, Lust und Sexualität andererseits gleich einen kräftigen Grundakzent: Um die ganz realen Freuden und Leiden des Jungseins soll es in diesem Theater gehen. Persönlich und politisch. Befreiend und solidarisch. Heftig und beglückend.

EIN SOMMERNACHTSTRAUM von William Shakespeare 1985 Regie: Hansjörg Betschart

Es ist eine Geburt aus dem Schoss des etablierten Basler Theaters heraus – und gleichzeitig die Initiation zu den Theater- und Kulturkarrieren von Ueli Jäggi, Dani Levy, Meret Barz, Hansjörg Betschart, Dalit Bloch, Corinne Eckenstein, Anina Jendreyko, Denise Geiser, Sigmund Zebrowski und zahlreichen anderen in den folgenden Jahrzehnten. Wer KASCH MI GÄRN HA! damals auf der Kleinen Bühne des Stadttheaters miterlebt hat, wird sich nicht zuletzt an den rasenden Ueli Jäggi als rollschuhfahrenden Orgasmus ‹Orgi› erinnern (siehe Bild auf Seite 164).
Aber schon bald zeigt der junge Sprössling, der sich in ebenso rasendem Tempo vom grossen Haus emanzipieren wollte, ein dringendes Bedürfnis nach mehr Eigenständigkeit. Hansjörg Betschart, der erste Leiter des schliesslich selbstständig gewordenen Basler Jugendtheaters, erinnert sich bestens an diese Zeiten:
«Der Regisseur Erich Holliger als Leiter der Kleinen Bühne im Stadttheater, der Schauspieler und Regisseur Helmut Berger sowie die Dramaturgin Ingrid Hammer hatten den Jugendlichen die Stadttheatertüren geöffnet. Zwei Jahre lang luden sie – während sich draussen auf der Strasse die Jugendunruhen anbahnten – allerlei junges Volk auf die Bühne ein, für die ersten Jugendstücke. Wir hatten Lust zu leben – nicht das Leben der Erwachsenen um uns herum. Nein, es sollte ein Leben in der Traumwelt sein, die unsere Realität war. Wir trafen uns auf der Mauer am Barfi, im Café Komödie in der Steinen, jede wollte jeden kennenlernen, alle wollten mitreden, ein paar politisierten. Aus all den Joints und Joint-Ventures, Häppchen und Happenings entstand vieles, unter anderem auch der Kern des neuen Jugendtheaters. Wir halfen mit, die besetzte Kaserne umzubauen. Und hier, an einem der Schnittpunkte, entwickelte sich die neue Bühne: Mit HESCH ÖPPIS? eröffneten wir 1980 die Kulturwerkstatt Kaserne. Es wurde nicht einfach nur das Gegenteil von Stadttheater: Es war ein Lebensentwurf. In der Villa im Wettstein wurde Zusammenleben ge-

DIE BANDE von Nina Pawlowa 1998 Regie: Corinne Eckenstein

LEONCE UND LENA von Georg Büchner 1993 Regie: Wolfgang Beuschel

übt. In der Kaserne Zusammenarbeit. In der Stadt Zusammenkunft. Wir träumten von einer anderen Zukunft. Keiner von uns ahnte, dass die Zukunft eines jungen Theaters einmal so aussehen könnte – wir waren einfach nur bereit, nicht nur während der Nächte zu träumen. Sowas brauchen Jugendliche für jede Zukunft.»

Es ist der Beginn bewegter Wanderjahre zwischen der Kaserne, der Kleinen Bühne im Stadttheater, wo die Stücke weiterhin auch gezeigt werden, und der kleinen Villa Wettstein. Das Kind hat zwar seine Feuertaufe bestanden, aber es besitzt noch keinen eigenen Spielort und muss sich seine Bühne von Mal zu Mal neu erobern. → Wie grundlegend wichtig ein eigener fester Spielort für junges Theater ist und vieles mehr, erläutert Heidi Fischer, die ehemalige Leiterin des *jtb*, im Interview auf Seite 66.

Höhenflüge und Abstürze

Wie man aus der Not eine Tugend macht, beweist Hansjörg Betschart in der Folge gleich selber: Er mietet für den Sommer 1985 ein grosses Zelt und zaubert einen hinreissenden SOMMERNACHTSTRAUM auf die Kasernenwiese. Es wird einer der ganz besonderen Höhepunkte in der Geschichte des *jtb*. Nach diesem listig versponnenen, poetisch-musikalischen Gesamtkunstwerk strömen die Schulklassen verzückt aus dem Zauberzelt und bestürmen ihre Lehrerinnen: «Wir wollen auch Theater spielen!» Kann einem jungen Theater Schöneres passieren?

Im Jahr darauf kommt es mit STURZFLUG, der dreizehnten Produktion des Basler Jugendtheaters, zum buchstäblichen Absturz, an dem der Betrieb fast zu zerbrechen droht. Sigmund Zebrowksi und Daniel Buser werfen das Steuer herum und starten mit DER SCHATTEN von Jewgeni Schwarz, Becketts WARTEN AUF GODOT, Genets DIE ZOFEN und Ramuz' GESCHICHTE VOM SOLDATEN eine nicht unbedingt jugendnahe, etwas schwerblütige literarische Phase. → Dalit Bloch und Daniel Buser erinnern sich im Gespräch auf Seite 153 unter anderem auch daran, wie sie diese Zeit erlebt haben; ihre inzwischen erwachsenen Kinder Laurin und Tabea Buser, die beide auch am *jtb* gespielt haben, ermöglichen den generationenübergreifenden Blick auf dieses Theater. Ein strategisch geplanter Publikumsrenner und Kassenfüller wird im Jahr 1990 die gemeinsame Neuinszenierung von KASCH MI GÄRN HA! durch Daniel Buser und Dalit Bloch. → Uwe Heinrich, seit dem Jahr 2000 der Leiter des *jungen theaters basel,* begründet im Gespräch ab Seite 186 unter anderem auch, warum er dieses Aufklärungsstück heute sicher nicht mehr spielen möchte.

Zum wichtigsten Autor und Regisseur im *jungen theater basel* wird in den Neunzigerjahren Paul Steinmann mit fünf speziell fürs *jtb* geschriebenen Stücken, die es verstehen, Leichtfüssigkeit mit Tiefgang zu verbinden. Steinmann ist heute der meistgespielte lebende Theaterautor der Schweiz – und kaum ein Mensch weiss das. Seine MEMPHIS-BROTHERS, 1996 am *jtb* uraufgeführt, werden überall nachgespielt und haben sich zum absoluten Spitzenreiter seines Verlags entwickelt.

Konsolidierung und Entdeckungen in der Intendanz von Heidi Fischer

Heidi Fischer gelingt es in ihrer zehnjährigen Intendanz von 1990 bis 2000, dem Haus feste Strukturen, ab 1993 einen neuen und zugkräftigen Namen – *junges theater basel* –, ab 1995 einen eigenen Spielort im Baggenstos auf dem Kasernenareal und nicht zuletzt gesicherte Subventionen zu verschaffen. Eine Leistung, die nicht hoch genug eingeschätzt werden kann. Hinzu kommt aber etwas, was im Theater mindestens ebenso wichtig ist: ihre Fähigkeiten als leidenschaftliche Menschenverknüpferin. Heidi Fischer hat den Blick, wer für die Sache und füreinander gut ist. Sie hat Talente wie Sebastian Nübling, Rafael Sanchez, Daniel Wahl, Tiziana Sarro, Corinne Eckenstein, Marie Leuenberger, Sarah Bühlmann und einige weitere entdeckt und gepflegt – und alle haben sie ihren Weg gemacht. Sie hat den jungen Spielvögeln ein Nest gebaut, in dem sie sich entwickeln können – aber sie hatte auch das Gespür für den richtigen Zeitpunkt, sie zum Weiterfliegen zu animieren und aus dem Nest zu schubsen. Die Kunst des Verbindens und Loslassens.

In die Zeit von Heidi Fischers Leitung fallen auch etliche feinnervige literarische Inszenierungen, wie Rafik Schamis ERZÄHLER DER NACHT (1992), wo die Märchenwelten von ‹1001 Nacht› sich vermischen mit dem Alltag von heute, oder Georg Büchners entzückendes Liebeswirrwarr in LEONCE UND LENA (1993), hier absolut überzeugend verschlankt auf zwei Figuren und einen Kontrabass, beide Stücke gespielt im intimen Salon der Villa Wettstein. Oder ebenso der wild-zarte Poesie-Schub in DIE NÄCHTE DER SCHWESTERN BRONTË (1997), der ersten Arbeit von Sebastian Nübling am *jtb*. Gleichzeitig nimmt Heidi Fischer mit Regula Schöni und Martin Zentner den Aufbau des Theaterkurssystems an die Hand, aus dem das *jtb* regelmässig seine jugendlichen Spieler für die Produktionen gewinnt.

Junges Theater als Seismograf

Wenn aufs Ganze gesehen die Zeit unter der Leitung von Heidi Fischer wohl die poetischste Phase des *jtb* bildet, scheut sie gleichzeitig keineswegs die Problemstücke. DIE BANDE (1998), eine Story um jugendliche Erpresser, kommt hier in der Regie von Corinne Eckenstein sogar als Schweizer Erstaufführung heraus. In DISCO PIGS (1998) werden wir Zeugen einer verstörenden Symbiose zweier Jugendlicher, die nichts auf der Welt haben ausser sich selbst. Wenn man von allen 75 Produktionen des *jtb* in vierzig Jahren nur drei nennen dürfte, müsste DIE SCHAUKEL (2000) von Edna Mazya unbedingt dabei sein. Das Stück über eine Vergewaltigung unter Jugendlichen auf einem Spielplatz lässt niemanden kalt. Man muss erlebt haben, wie die flotten Sprüche von den Zuschauerbänken mit der Zeit einer erschreckten Betroffenheit Platz machen. Das war Jahre, bevor die Gruppenvergewaltigung von Zürich Seebach und andere Grenzüberschreitungen unter Jugendlichen die Schweizer Öffentlichkeit schockierten. DIE SCHAUKEL, wie DISCO PIGS in der Regie von Sebastian Nübling, bildet auch den internationalen Durchbruch des *jtb*. Am ‹Impulse›-Festival, dem Besten-Treffen der freien Szene, erringt die Inszenierung den ersten Preis – als erstes Jugendtheater überhaupt. Diese Auszeichnung gilt als Oscar der freien Szene im gesamten deutschsprachigen Raum. Die SCHAUKEL markiert gleichzeitig den Übergang der Leitung von Heidi Fischer zu Uwe Heinrich. Beide sind sie in die Entstehung dieser wichtigen Produktion integriert.

In den folgenden Jahren wird das *jtb* vermehrt eingeladen zu internationalen Festivals und zu Koproduktionen mit grossen Häusern. Diese Einladungen sind ohne Zweifel dem breiten Renommee zu verdanken, das sich Sebastian Nübling, dessen Karriere am *jtb* ihren Anfang nahm, in kurzer Zeit auf vielen grossen Bühnen erarbeitet hat. Alle Koproduktionen bauen auf ihn als Regisseur. Trotz seines europaweiten Erfolgs als Theatermacher kehrt er jedes Jahr für eine Produktion ans *jtb* zurück. → Im Gespräch ab Seite 31 erläutert er unter anderem, was ihn immer wieder hierher zurückzieht, und gibt Einblicke in die Arbeitsweise, mit der er hier seine Inszenierungen entwickelt.

In den Bereich von Seismografie und Sensibilisierung gehört auch die Auseinandersetzung des *jtb* mit dem Thema Jugendgewalt. Die Stücke REIHER (2003), PUNK ROCK (2010) und MORNING (2013) des britischen Dramatikers Simon Stephens, die das *jtb* (teilweise in Kooperation) alle zur deutschsprachigen Erstaufführung brachte, fokussieren diese schmerzliche Thematik so schonungslos wie vielschichtig. Das *jtb* öffnet mit seinen Inszenierungen generell den wichtigen Weg in einen differenzierten Diskurs, wie er vor allem in den zahlreichen Vor- und Nachbereitungen der Stücke mit Schulklassen geführt wird, die das Theater regelmässig anbietet. Diese Einstimmungen und Nachbesprechungen zu den Produktionen sind ein wesentlicher und unverzichtbarer Bestandteil des Gesamtpakets *junges theater basel*.

Die Koproduktionen mit grossen Häusern – wo liegt der Mehrwert?

Die etablierten Theater entdecken die jugendliche Frische und inhaltliche Dringlichkeit des *jtb* und seiner Inszenierungen. Als erste grössere Koproduktion entsteht REIHER (2003) in Zusammenarbeit mit dem Schauspiel Stuttgart. FUCKING ÅMÅL (2005) wird mit dem Theater Basel für die Bühne des Schauspielhauses erarbeitet, ebenso NEXT LEVEL PARZIVAL (2007, koproduziert mit der Ruhr-Triennale), DEAR

NEXT LEVEL PARZIVAL von Tim Staffel 2007 Regie: Sebastian Nübling

DISCO PIGS von Enda Walsh 1998 Regie: Sebastian Nübling

PUNK ROCK von Simon Stephens 2010 Regie: Sebastian Nübling

WENDY (2009) und **DIE KLASSE** (2013). Dazwischen sichert sich das Zürcher Schauspielhaus das wirblige Tanztheater **SAND** (2011) in der Co-Regie von Sebastian Nübling und Ives Thuwis. **NOISE** (2015) wird mit den Wiener Festwochen koproduziert, **ZUCKEN** (2017) mit dem Berliner Gorki-Theater. Und mit dem Musik- und Tanztheater **MELANCHOLIA** (2016, ebenfalls gemeinsam mit Ives Thuwis) erobert sich das *jtb* die Grosse Bühne des Theaters Basel samt Gastspiel am Holland-Festival in Amsterdam. Die Kadenz dieser Koproduktionen ist mehr als eindrücklich. Mindestens alle zwei Jahre stemmt dieses kleine Haus eine Riesenproduktion in ganz anderen Dimensionen. Bekommt es ihm gut?

Uwe Heinrich scheint der Wechsel von klein zu gross zu reizen. Auf den grossen Bühnen ergeben sich wesentlich grosszügigere Möglichkeiten gestalterischer, technischer und kooperativer Art als mit den einfachen Einrichtungen in den engen ehemaligen Stallungen der Kaserne, wo seitlich noch die steinernen Futtertröge zu sehen sind. Aber wenn man nach einer solchen Gross-Erfahrung mit ihm spricht, spürt man jedes Mal, dass er mit jeder Faser seines Theaterherzens froh ist, mit seinem *jtb* nicht dauernd auf einem solchen Riesendampfer unterwegs zu sein. Die Entscheidungswege, die exklusive Bedeutung der Sache ‹junges Theater› im Gesamtbetrieb, das Zusammenwirken der Einzelteile und vieles mehr laufen im kleinen Haus *jtb* doch unvergleichlich reibungsloser, übersichtlicher und letztlich befriedigender. Nichts geht über die grundsätzliche Eigenständigkeit. Aber zweifellos tragen diese Koproduktionen zum grenzüberschreitenden Ruf bei. Das *junge theater basel* ist im gesamten deutschsprachigen Raum zu einer Marke geworden, die jeder einschlägig Interessierte kennt, ein wichtiger Kulturbotschafter der ganzen Region im In- und Ausland.

Wie jugendgerecht wird da gearbeitet?

Und dennoch gibt es Stimmen, die befürchten, dass durch diese Internationalisierung und Vermischung mit dem professionellen Theaterschaffen der Bezug zum Kerngeschäft jungen Theaters, zum jugendlichen Alltag hier und heute, etwas in den Hintergrund treten könnte. In **MELANCHOLIA** zum Beispiel sahen etliche Besucherinnen, darunter auch Fachpersonen, nicht mehr ganz das, was sie am *jtb* so sehr schätzen, die Unmittelbarkeit, die Frechheit und Eigenwilligkeit, die Authentizität des Ausdrucks. Die von sechzehn Profis gespielte und gesungene Barockmusik und eine stark strukturierte und formalisierte Tanztheaterchoreografie von neunzehn quicklebendigen Jugendlichen übernahmen hier den Part des Wortes. Für manche war gerade

FUCKING ÅMÅL von Lukas Moodysson
2005 Regie: Sebastian Nübling

MELANCHOLIA 2016 Inszenierung: Sebastian Nübling, Ives Thuwis

dies die erfrischende Entdeckung des Abends: Es geht auch im Jugendtheater, wenn es so gut gemacht wird, ganz ohne gesprochene Sprache.

Ein Einblick in den Probenprozess von **MELANCHOLIA** zeigte: Alle Bewegungsmuster dieser Tanztheaterchoreografie entstehen während der Proben aus den Angeboten der Jugendlichen. Der Tänzer und Choreograf Ives Thuwis stellt ihnen über fünfzig Aufgaben, zum Beispiel: «Ein Versuch, das Nichts zu gestalten/Die Aufmerksamkeit auf sich lenken/50 Wege, Langeweile zu vermeiden/Zeige deine Weiblichkeit/Männlichkeit/Immer wieder am Gleichen scheitern/Alles, was du schon immer mal auf der Bühne machen wolltest/Warum der Mensch sterben soll/Leben, als gäbe es kein Ende/Die Schönheit des Leidens/Sich selber trösten.» Alle müssen zu allem etwas anbieten. Thuwis und Nübling wählen aus, was ihnen sprechend scheint, strukturieren es und verteilen es neu auf die Gruppe. Das erinnert in der Methodik und Ergebnisfindung an die Arbeitsweise von Pina Bausch. «Manchmal», sagt Uwe Heinrich, «weiss jemand gar nicht mehr, dass das seine Bewegung ist, die jetzt alle machen.»

Das ist in meinen Augen eine sinnvolle Erweiterung des Ausdrucksrepertoires von jungem Theater, die zudem auch hier ganz aus den Möglichkeiten der Jugendlichen schöpft.

Tanz und Musik öffnen gleichzeitig für das Publikum neue Bereiche des Empfindens und Rätselns, des assoziativ bildhaften Zugangs zu einem Thema. Problematischer wirkte hingegen die jüngste Produktion **ZUCKEN**, die mit dem Berliner Gorki-Theater koproduziert wurde. Da geht es im Spiel der sieben Jugendlichen aus Basel und Berlin zwar durchaus vielschichtig um das grosse Thema Identität, aber die Realitätssplitter dieser Radikalisierungsszenarien von jungen Menschen zwischen Jihad und Ukrainekonflikt haben nicht wirklich viel mit der hiesigen Situation von Jugendlichen zu tun.

Innovation junges Tanztheater – ein Glückserlebnis

Im Überblick von vierzig Jahren *junges theater basel* erscheint diese Erweiterung der Ausdrucksmöglichkeiten in Richtung Tanztheater als eine der wichtigsten und schönsten Innovationen in seiner langen Erfolgsgeschichte. Mein persönliches Glückserlebnis in diese Richtung lässt sich genau datieren: auf den 22. November 2008. Zwei Tage später erhält Uwe Heinrich als *jtb*-Leiter den Kulturpreis der Stadt Basel; ich erlaube mir deshalb, aus meiner Laudatio zu diesem Anlass im Basler Rathaus zu zitieren: «Ich stehe heute, und ich gebe das gerne zu, noch ganz unter dem Eindruck eines solchen Höhenflugs, der jüngsten Produktion nämlich des *jungen theaters basel*, die vor zwei Tagen Premiere hatte: **STRANGE DAYS, INDEED**, ein Tanztheater, wie ich es seit Pina Bausch und Alain Platel, meinen persönlichen Heroen dieser Sparte, nicht mehr gesehen habe. Ich werde Ihnen nichts über diese Produktion erzählen, man muss sie sich einfach selber anschauen. Vielleicht nur so viel: Da wirbeln sechs junge Leute über die Bühne, dass einem dauernd heiss und kalt wird. Das sind wunderbar rohe, ungeschliffene Diamanten – und seit diesem Samstag bin ich der tiefen Überzeugung, dass die schöner, verblüffender, berührender funkeln als geschliffene. Theater auf Augenhöhe mit seinem Publikum. Mit Themen, die jungen Menschen auf den Nägeln brennen. Und deshalb kommt das mit dieser hinreissenden Authentizität über die Rampe, die Theaterprofis regelmässig umhaut. Ungekünstelt, aber mit einem Kunstanspruch, der jede enge Verwertungspädagogik weit hinter sich lässt. Und deshalb ist das *junge theater basel* auch für erwachsene Zuschauer immer wieder eine Quelle der inhaltlichen und ästhetischen Inspiration.»

Das *jtb* eröffnet damit eine neue Sparte, die ihm und seinem Publikum sehr gut tut. Es hat mit Ives Thuwis aus der lebendigen flämischen Tanz- und Theaterszene auch einen idealen Impulsgeber gefunden. Seine bisherigen Tanztheaterproduktionen am *jtb* nach **STRANGE DAYS, INDEED** (2008) – **KEI ABER!** (2011), **SAND** (2011), **MÄNNER** (2014) und **MELANCHOLIA** (2016) – gehören zu den besonderen Glanzpunkten, die aus der ureigenen, tänzerisch ungeschulten Bewegungssprache der Jugendlichen schöpfen. Das ist ein Grundprinzip des *jtb*, ob Tanz- oder Sprechstück. Und hier liegt wohl eines der Wirkungsgeheimnisse dieses jungen Theaters begründet, das diese ungeschliffenen Diamanten unter der sensiblen Führung von erfahrenen Theaterprofis so durchlässig, transparent und gleichzeitig so authentisch erscheinen lässt.

Was heisst hier ‹authentisch›?

Authentizität ist ein weites Feld. Wie ist sie in der darstellenden Kunst überhaupt herstellbar? Ist das nicht schon ein Widerspruch in sich: Authentizität herstellen? → Der ehemalige *jtb*-Spieler und heutige Filmregisseur Michael Koch hat in unserem Gespräch auf Seite 74 die folgende Antwort bereit: «Im *jtb* sehe ich es so: Gerade weil die jugendliche Persönlichkeit noch nicht so geformt ist, dass sie weiss, wie man es machen muss, sickert ein Grad an Authentizität durch, der einzigartig ist. Ich sehe einem jungen Menschen zu, im Kampf mit sich selber. Die professionelle Regie findet dann die passende Form, die es für die Vermittlung braucht.»

Sebastian Nübling und Uwe Heinrich schmunzeln jeweils ein wenig, wenn man die Arbeiten des *jtb* als besonders authentisch bezeichnet. Gerne weisen sie in Gesprächen darauf hin, dass das, was auf dieser Bühne so authentisch wirkt, nichts mit einer urwüchsigen oder naiven Natürlichkeit, Unverfälschtheit oder gar Formlosigkeit zu tun hat, sondern im Probenprozess hart erarbeitet wird. Die authentische Wirkung entsteht wohl mehr daraus, dass man hier auf allen Ebenen mit dem wirklich eigenen Material arbeitet, das die Jugendlichen in die Produktionen einbringen, dabei ein offenes Ohr und Auge dafür hat, was auch neben den direkten Proben als Sprach-, Slang- und Körperausdruck der jungen Spielerinnen und Spieler in die gemeinsam verbrachte Zeit einfliesst – und es nach Möglichkeit in die Produktion einbaut. Wohl nicht zuletzt deshalb verbringt das Regieteam jeweils viel Zeit auch neben den Proben mit den Jugendlichen, beim gemeinschaftlichen Mittagessen, bei kollektiven Kino-, Konzert- oder Ausstellungsbesuchen, bei Partys natürlich. Theater wird da buchstäblich als Lebens- und Spielraum gelebt. «Wir investieren hier Lebenszeit», betont Sebastian Nübling, «und das soll man auf der Bühne auch sehen.»

Theatermenschen sind geborene Voyeure. «Ich werde gut bezahlt dafür, dass ich zuschaue», meint Uwe Heinrich einmal im Gespräch und wirkt dabei fast etwas beschämt. «Im Theater schaut man genauer zu, als man das als zivilisierter Mensch eigentlich dürfte. Die fragile Kunst dabei ist es, die Spielenden dahin zu bringen, dass sie sich öffnen, ohne sich zu verlieren.» Kann man es präziser, sensibler sagen? Genau das ist die Kunst des *jungen theaters basel* und seiner professionellen erwachsenen Leitungscrew.

Das Grundkonzept des Hauses

Das *junge theater basel* steht auf zwei Säulen:

- Die Theaterkurse für alle interessierten jungen Menschen zwischen 14 und 24 Jahren werden pro Saison von sechzig bis achtzig Jugendlichen in bis zu vier Kursen besucht, die von verschiedenen Theaterpädagoginnen und -pädagogen geleitet werden. In den Kurspräsentationen kurz vor Spielzeitende zeigen sie je drei Mal vor Publikum, was sie über das Jahr hinweg in ihrer Freizeit erarbeitet haben. Dazu werden die Medien nicht eingeladen.
- Jährlich bringt das *jtb* mindestens zwei professionelle Eigenproduktionen heraus. Diese Inszenierungen werden innerhalb der üblichen Probenzeit für eine professionelle Produktion von acht Wochen und mit einem Arbeitsumfang von täglich acht Stunden erarbeitet. Für einige Spielerinnen und Spieler bedeutet das, dass sie von der Schule freigestellt werden müssen, andere sind im sogenannten Zwischenjahr, bevor sie ihre Ausbildung beginnen.

Eng miteinander verknüpft sind diese beiden Säulen dadurch, dass das jugendliche Personal für die professionel-

MÄNNER 2014 Choreografie: Ives Thuwis

len Produktionen aus den Theaterkursen geschöpft wird. Es gibt also kein Casting, sondern man vertraut auf die Eigengewächse, die man gut kennt. Diese Inszenierungen werden jeweils im eigenen Haus fünfundzwanzig bis dreissig Mal gespielt, bevor sie zu Gastspielen in der ganzen Schweiz und zu Festivals im gesamten deutschsprachigen Raum eingeladen werden. (Einzelne Produktionen wie etwa DIE MEMPHIS BROTHERS, DIE SCHAUKEL, TSCHICK, MÄNNER oder FLEX blieben über mehrere Jahre im Repertoire und wurden bis zu hundertfünfzig Mal gespielt.)

Gegenstand der Arbeiten ist immer ein zeitgenössisches Thema, das auf sehr direkte, publikumsnahe und oft bewegungsintensiv-dynamische Art umgesetzt wird. Jugendliche Figuren werden von Jugendlichen gespielt, für erwachsene Figuren engagiert das *jtb* professionelle Kräfte. Die Leitung liegt immer in den Händen von Profis. → Der persönliche Weg über die Theaterkurse in eine professionelle Inszenierung hinein kann sehr anschaulich in den Gesprächen mit Suna Gürler auf Seite 114 und Anna Jungen auf Seite 146 miterlebt werden, bei Suna Gürler auch der Weg zur späteren Kursleiterin und regelmässigen Regisseurin am *jtb*. Die heutige Radiojournalistin Anna Jungen betont die gute Art des «Entschämens», die sie hier erlebt hat, und unterstreicht: «Eine ganz wichtige und neue Erfahrung war für mich, dass immer alle etwas Interessantes beitragen können, wenn man sie auf gute Weise dazu ermutigt und ernstnimmt.» Und Suna Gürler meint zu ihrer Erfahrung als Kursleiterin: «Etwas vom Schönsten ist zu erleben, wie die Kursteilnehmenden mit der Zeit aus dem Schulmodus herauskommen, auch aus der Erwartungshaltung, hier einfach bespasst zu werden.»

Die Vielfalt der Themen, Formen und Sprachen

Ein neuer, höchst animierter und gleichzeitig thematisch sehr ernsthafter Produktionstyp hat sich in den letzten zehn Jahren am *jtb* herausgebildet: das KLASSENZIMMERSTÜCK. Das sind wahre Überfallkommandos auf nicht eingeweihte Schulklassen direkt in ihrem Unterrichtsraum. Mitten in die Stunde platzt der Kleintrupp herein und brei-

UNTENRUM von Suna Gürler und Uwe Heinrich 2011 Regie: Suna Gürler

tet ein möglichst realistisches Konfliktszenario aus. Der Themenhintergrund bei den beiden ersten Klassenzimmerstücken war genderorientiert. Mit DER 12. MANN IST EINE FRAU (2006) stossen drei junge Frauen vor ins ‹letzte Reservat der Männlichkeit›, die Fan-Kultur des Fussballs. In UNTENRUM (2011) wird der Umgang mit weiblicher Sexualität so unverfroren wie humorvoll auf die Schulbänke geknallt. Grundlage der Stückentwicklung bildet in beiden Fällen eine Vielzahl von selbstgeführten Interviews. Es empfiehlt sich, in die Trailershow auf der *jtb*-Website zu klicken, um einen kurzen Eindruck von dieser hautnahen Theaterform zu gewinnen. Im Herbst 2017 kommt das neue Klassenzimmerstück DON'T FEED THE TROLL über Cybermobbing heraus und stellt die Frage: Wie wollen wir miteinander umgehen? Wie immer segelt das *jtb* damit hart am Wind des Zeitgeschehens.

Auf der Webseite des *jtb* zu diesen Stücken ist jeweils vermerkt: «Playing on demand: Lehrpersonen, die sich einen solchen ‹Überfall› wünschen, können einen Termin für eine Aufführung in ihrem Klassenzimmer verabreden. Diese Absprachen sollten vertraulich stattfinden, da ein Überraschungsmoment für die Schülerinnen und Schüler am Anfang wünschenswert ist.» Es gibt nur eine Empfehlung: Zugreifen!

Ein weiteres neues Format, das sich in den letzten Jahren am *jtb* sehr erfolgreich entwickelt hat, ist die OFFENE BÜHNE ZEIG! Egal ob Reimen, Weinen, Jonglieren oder Musizieren, ZEIG! bietet an jedem ersten Samstag im Monat die Möglichkeit, sein Talent vor Publikum zu präsentieren. Maximal zehn Minuten pro Auftritt und mit Barbetrieb. Das Angebot entwickelte sich derart zum Renner, dass der Zutritt aus feuerpolizeilichen Gründen auf hundert Personen beschränkt werden musste. Man kann es nicht genug betonen: Junges Theater braucht ein eigenes Haus, damit sich solch vielfältige Bindungen und Ausstrahlungen entwickeln können.

Generell sehr variabel sind die ästhetischen Theatersprachen, die das *jtb* in seiner vierzigjährigen Geschichte bisher entwickelt hat. Erzähltheater steht neben Tanztheater, Stilles neben Lautem, Drastisches neben Poetischem. Vielleicht hat sich in den letzten Jahren eine etwas starke Dominanz des Nübling-typischen, bewegungsgetriebenen Sportiv-Stils auf höchstem Energielevel herausgebildet. Das hat manchmal auch den etwas überdeutlichen Charakter einer Überwältigungsdramaturgie – und kompensiert meist durchaus wirkungsvoll handwerkliche oder sprachliche Defizite, die Jugendliche ohne Schauspielausbildung zwangsläufig mit auf die Bühne bringen.

Es ist nachvollziehbar, dass man die Kräfte von Sebastian Nübling und Suna Gürler (die auf ihrem künstlerischen Weg ebenfalls stark vom Regie-Duo Nübling/Thuwis geprägt ist) für das Haus nutzen will. Dennoch kann es klug sein, darauf zu achten, dass sich nicht eine Tendenz zur theaterästhetischen Monokultur entwickelt. Vielleicht wäre es auch eine Unterschätzung des jugendlichen Publikums zu meinen, dass es nur mit Tempo, Atemlosigkeit und stupender Körperlichkeit zu überwältigen – besser: zu bezaubern sei.

Thematisch kann man dem *jtb* für die Zukunft nur wünschen, so verschiedenartig am Ball zu bleiben wie bisher. Identitätsfragen, Genderaspekte, der Umgang mit Sehnsüchten und Ängsten, mit Macht und Ohnmacht, das Suchen eigener Positionen im privaten und gesellschaftli-

TSCHICK nach Wolfgang Herrndorf 2012 Regie: Suna Gürler

chen Leben sind Themen, die im *jungen theater basel* regelmässig und mit grosser Ernsthaftigkeit und Spielfreude aufgenommen werden.

Integrationsfaktor Kultur

Zur Vielfalt der Sprachen und Formen gehört nicht zuletzt das Publikum des *jtb* selbst. In Basel, der Kultur- und Pharma-Stadt im Dreiländereck, leben Menschen aus über hundertsechzig Nationen. Der Ausländeranteil beträgt 35,7 Prozent, in einigen Kleinbasler Quartieren auch über fünfzig Prozent. Auf den belebten Zuschauerrängen des *jtb* wird Basel schnell zu Babel – sinnstiftend vereint im sinnlichen Theatererlebnis. Was dieses Haus mit seinem enorm partizipativen Gesamtkonzept seit Jahr und Tag für die Integration junger Menschen mit unterschiedlichsten sozialen und kulturellen Hintergründen sowie für ihre Teilhabe an Kultur und Gesellschaft leistet, ist beeindruckend. Wäre das *junge theater basel* deshalb nicht längstens ein würdiger Kandidat für den Basler Integrationspreis?

Hier kommen Jugendliche oft zum ersten Mal in ihrem Leben in Kontakt mit Theaterkunst, werden auf bildhafter und diskursiver Ebene eingeladen, teilzunehmen an Auseinandersetzungen mit individuell und gesellschaftlich wichtigen Themen. Lustvollere Integrationsarbeit ist kaum denkbar.

Verschiedenheit bringt Glück

Lässt man die Leitungspersonen in der vierzigjährigen Erfolgsgeschichte *des jungen theaters basel* kurz Revue passieren, stechen drei gerade aufgrund ihrer Unterschiedlichkeit heraus. Hansjörg Betschart (1978–1985) ist Zauberer und Zampano, der sowohl Stücke schreibt oder bearbeitet als auch Regie führt und selber mitspielt, ein charmanter Menschen- und Spielverführer mit Witz und Chuzpe. Heidi Fischer (1990–2000) erscheint auf den ersten Blick wie sein pures Gegenteil: Eine äusserlich zurückhaltendere Person als sie ist kaum vorstellbar. Und genau diese ruhige und beharrliche Nestbauerin war es, die dem *jtb* feste Strukturen und eine sichere Bleibe verschafft hat. Seit siebzehn Jahren leitet nun Uwe Heinrich das *jtb*. Er hat das theaterpädagogische Angebot des Hauses markant ausgebaut und leitet regelmässig zwei der Theaterkurse selber. Durch die Wichtigkeit, die er diesen Kursen einräumt, ist nicht nur die *jtb*-Familie stark gewachsen, das Haus hat einen wesentlich breiteren Unterbau gewonnen und funktioniert auch neben den Vorstellungen als eigener, vitaler Treffpunkt, ein Klubhaus für Junge.

Aufs Konto Heinrich geht auch die Erweiterung in Richtung Tanztheater, ebenso die umfangreiche Vermittlungsarbeit in den Schulklassen. Gleichzeitig ist er Produktionsdramaturg aller Inszenierungen und damit die wichtigste Schalt-

STRANGE DAYS, INDEED 2008 Choreografie: Ives Thuwis

stelle zwischen Kunst und Publikum. Uwe Heinrich ist ein Ermöglicher für alles und jedes. Es gibt nichts, das ihn nicht interessiert, wenn es für junges Theater wichtig sein könnte. Er streunt durch diese Welt wie ein Schwamm mit integriertem Selektionsfilter, ist permanent auf Materialsuche, inhaliert Literatur, Filme, Ausstellungen, Sachbücher, Musik, wissenschaftliche Abhandlungen und vieles mehr wie andere Menschen lebensnotwendige Nährstoffe. Da geht einer so leidenschaftlich wie kritisch völlig in seiner Arbeit auf – die er gar nicht als Arbeit empfindet (siehe Interview auf Seite 186). Das Besondere dabei: Uwe Heinrich lebt diese Verbindung von erwachsener und jugendlicher Perspektive und Lebenswelten ganz persönlich, und dies ohne jede Anbiederung. Er wirkt dabei als Anreger in viele Richtungen. Die Kraft und Dringlichkeit, die das *junge theater basel* nun seit vielen Jahren ausstrahlt, ist seit dem Jahr 2000 untrennbar mit seiner reflektierten Leidenschaftlichkeit verknüpft.

Gibt es ein Erfolgsrezept?

Warum ist das *junge theater basel* seinen Weg durch die ersten vierzig Jahre so erfolgreich gegangen? Will man es in aller Kürze sagen, dann sind wohl die folgenden Aspekte nicht ganz unwesentlich:

- das Vertrauen in ihre je spezifischen Fähigkeiten, das die an diesem Haus Beteiligten sich gegenseitig entgegenbringen: die Jugendlichen den regieführenden Profis, das Regieteam den Jugendlichen – und nicht zuletzt alle zusammen dem jugendlichen und erwachsenen Publikum;
- die glückliche Balance, die ein klarer Kunstanspruch und eine nicht belehrende pädagogische Haltung miteinander eingehen;
- die kluge Mischung aus Kontinuität und Wandel, gewachsener Tradition und Innovation, die das Haus so frisch und dynamisch hält;
- die Kleinheit und Übersichtlichkeit des Hauses, die kurze Entscheidungswege und eine niedrige Reibungsquote bewirken. Was hier mit 2,7 bezahlten Personenstellen bei Einheitslohn in allen Funktionen übers Jahr hinweg geleistet wird, ist eindrücklich;
- die Eigenständigkeit des Theaters als eigentlicher Kern seiner Identität. Als vierte, fünfte oder sechste Sparte innerhalb eines grossen Hauses könnte es nie diese genuine Kraft entfalten;
- und zuerst und zuletzt: das Herzblut, das alle Beteiligten an dieses Theater mit all seinen Aktivitäten und an sein Publikum verschenken.

Selbstredend könnte sich das alles nicht entwickeln, wenn es nicht von einer kulturell interessierten und politisch repräsentierten Öffentlichkeit getragen und gepflegt würde, nicht zuletzt auch finanziell. Um es kurz und entschieden zu sagen: Wenn es das *junge theater basel* nicht schon seit vierzig Jahren gäbe, müsste man es subito erfinden – und ihm frohen Mutes weiterhin ein so spritziges und kraftvolles Leben wünschen! ■

Alfred Schlienger ist Theater- und Filmkritiker für die NZZ und weitere Medien, ehem. Prof. für Literatur, Philosophie und Medien an der Pädagogischen Hochschule, Gymnasiallehrer, Erwachsenenbildner und Theaterkursleiter. Er hat 51 der 75 Produktionen des *jungen theaters basel* gesehen und bereut jede, die er verpasst hat. Er lebt in Basel.

Das *junge theater basel* in ein paar Zahlen und Fakten (Saison 2016/17)

Subvention durch den Kanton Basel-Landschaft	CHF 350 000
Mietkostenübernahme durch den Kanton Basel-Stadt	CHF 85 000
Eigeneinnahmen	CHF 150 000
Gesamtumsatz	CHF 585 000
Zahl der Vorstellungen	90* (64 im Haus, 26 auf Gastspielen)
Zuschauerzahl	5000*
Auslastung	87 Prozent (bei 108 Plätzen)**
Eigenfinanzierungsgrad	26 Prozent**
Personalstellen	4 Personen teilen sich in 270 Stellenprozente mit Einheitslohn in allen Funktionen (100% Leitung, 60% Sekretariat und Koordination, 60% Technik, 50% Technik)
Preise	‹Impulse›-Preis 2001
	‹Impulse›-Preis 2005
	Basler Kulturpreis 2008 für Uwe Heinrich als Leiter des *jtb*
	Schweizer Theaterpreis 2014

* Die Zahlen für Vorstellungen und Publikum schwanken zum Teil von Jahr zu Jahr, abhängig auch von Grösse und Erfolg der Produktionen. Der langjährige Zuschauerschnitt bewegt sich zwischen 6000 und 8000, mit Ausschlägen bis zu 13 000; die Zahl der Vorstellungen schwankt zwischen 90 und 140 pro Jahr.

** Die Zahlen für Auslastung und Eigenfinanzierungsgrad sind im Vergleich mit den Schauspielhäusern an deutschsprachigen Theatern herausragend. (Der Eigenfinanzierungsgrad bewegt sich dort in der Regel zwischen 10 und 20 Prozent, die Auslastung zwischen knapp 50 und 85 Prozent.)

Anmerkung der Redaktion

Es liegt in der Natur der Sache, dass in diesem Buch nicht alle rund tausend Personen angemessen gewürdigt werden können, die das *junge theater basel* in seinen ersten vierzig Jahren mitgeprägt haben. Ihnen allen gebührt selbstverständlich uneingeschränkter Dank! Im Anhang sind aber alle Beteiligten namentlich aufgeführt. Auf der Homepage des *jtb* können im Archiv zudem alle Namen, Funktionen und Produktionen abgerufen werden. Ausserdem ist eine Trailershow aufgeschaltet, wo Ausschnitte zu einigen Aufführungen zu sehen sind. – Die gendergerechte Sprache in diesem Buch richtet sich nach den Vorgaben des Verlags. Gewählt wurde in der Regel die Variante mit dem steten Wechsel von männlicher und weiblicher Zuschreibung.

ZEIG! Offene Bühne 2017

«ICH WILL SEHEN, OB DIE ENERGIE STIMMT»

EIN GESPRÄCH MIT **SANDRO LUNIN**, DEM PROFUNDEN KENNER DES WELTWEITEN THEATERS, ÜBER ENTWICKLUNGEN UND TENDENZEN DES JUNGEN THEATERS IM IN- UND AUSLAND

■ Sandro Lunin, Sie sind zweifellos einer der besten Kenner der schweizerischen und internationalen Theater-, Performance- und Tanzszene. Und Sie kennen den Theaterbetrieb aus ganz verschiedenen Perspektiven. Begonnen haben Sie Ihre jahrzehntelange Theatertätigkeit, nach einer Ausbildung zum Primarlehrer, als Bühnentechniker und Regieassistent am Zürcher Neumarkt-Theater, wurden dann Ko-Leiter im Theaterbüro der Roten Fabrik und sind Mitbegründer des Kinder- und Jugendtheaterfestivals ‹Blickfelder›. Während zehn Jahren waren Sie künstlerischer Leiter des Schlachthaus-Theaters Bern, und insgesamt fünfzehn Jahre waren Sie für das Zürcher Theaterspektakel tätig, zuerst in der Programmgruppe und seit 2007 als künstlerischer Leiter. Ab der Saison 2018 werden Sie nun Direktor der Kaserne Basel und damit auch direkter Nachbar des *jungen theaters basel*. Welch toller Rucksack für unser Gespräch! Von Ihrer vielseitigen Tätigkeit her kennen Sie auch die Jugendtheaterszene im In- und Ausland sehr gut. Welche aktuellen Tendenzen in den Theaterangeboten haben Sie auf Ihren vielen Reisen wahrgenommen beim sogenannt jungen Theater?

Die wichtigste Tendenz, die mich auch am meisten interessiert und die für mich weltweit im Vordergrund steht, ist sicher die Frage, welche Formate und Inhalte man direkt mit jugendlichen Menschen gemeinsam für die Bühne entwickeln kann. Ich habe zum Beispiel in Japan junge Gruppen wie FaiFai gesehen, die sehr verrückte, eigenwillige Produktionen über ihr ganz aktuelles Daseinsgefühl auf die Bühne bringen und damit ein sehr junges Publikum anziehen. Oder die Gruppe Miss Revolutionary Idol Berserker, welche die Künstlerin Toko Nikaido leitet, mit ihren fünfundzwanzig jungen Performerinnen, die sich völlig verausgaben und einen totalen Knaller auf die Bühne hauen, einen Publikumsüberwältigungsschock, wo wirklich Grenzen weggesprengt werden. Oder Contact Gonzo, die kreieren eine wilde Mischung aus Tanz und Schlägerei. Diese verschiedensten Energien und Grenzüberschreitungen zu erleben, an denen junges Publikum lebhaft teilnimmt, das war schon sehr beeindruckend. Diese drei japanischen Gruppen waren übrigens auch am Theaterspektakel zu sehen.

Das war jetzt gleich ein grosser Sprung nach Japan. Wie sieht es in Europa aus?

Sehr interessant ist sicher die flämische Szene. Auch die holländische, wobei dort ganz stark der brutale Schnitt zu spüren ist, weil die rechtsbürgerliche Regierung vor vier Jahren, quasi in einem Racheakt an der offenen, liberalen Szene, rund die Hälfte der Gelder gestrichen hat. Von zwanzig Produktionshäusern mussten deshalb siebzehn geschlossen werden. Das erholt sich jetzt erst langsam wieder. In Flandern hingegen haben sich langjährige Player etablieren können, die vor zwanzig, dreissig Jahren entstanden sind und als wirkliche, gut ausgestattete Theater für Kinder und Jugendliche funktionieren, wie Hetpaleis in Antwerpen, Bronks in Brüssel oder Campo (ehemals Victoria) in Gent. Was hier Theatermacher wie Alain Platel und Arne Sierens mit ‹Moeder & Kind› (1995) und ‹Bernadetje› (1996), Josse De Pauw mit ‹üBUNG› (2001) geschaffen haben, hat Theatergeschichte geschrieben. (Diese drei Stücke waren ebenfalls am Theaterspekta-

SPANNEND IST AUCH DIE ÖFFNUNG IN RICHTUNG TANZ UND CHOREOGRAFIE.

kel zu sehen.) Der Choreograf Ives Thuwis, der schon mehrfach mit dem *jtb* gearbeitet hat, kommt ja auch aus dieser Szene. Kurz gesagt, es ist diese Mischung von hervorragenden Leuten, die sehr klug und kontinuierlich mit Kindern, Jugendlichen und jungen Erwachsenen arbeiten und dabei institutionell aufgehoben sind

KEI ABER! 2011 Choreografie: Ives Thuwis

in eigenen, von der öffentlichen Hand getragenen Häusern, die diese Blüte ermöglicht.
Welches sind die Themen und welches die Theatersprachen, die Sie in diesem Bereich besonders interessieren?
Ich würde das gar nicht grundsätzlich abtrennen wollen von dem, was mich im Theater immer interessiert, die Auseinandersetzung mit gesellschaftlich und sozial wichtigen Fragen. Man sieht einfach sehr schnell, was in einem jugendlichen Alter eher funktioniert. Da ist einerseits der hohe Identifikationsgrad von Jugendlichen, diese Verbindung ist extrem wichtig und spürbar. Wenn Jugendliche andererseits das Gefühl haben, es wird etwas für sie auf jugendlich getrimmt, dann finden sie das schnell schrecklich. Dafür haben sie ein gutes Sensorium.
Generell gefragt: Was macht junges Theater stark und innovativ?
Wenn es auf positive Art eine Nähe zum Publikum sucht. Es gibt ja auch eine falsche Art, zum Beispiel eben in Form einer Anbiederung. Ich will sehen, ob die Energie, die auf der Bühne dargestellt wird, stimmt; ob auch transparent wird, wie sie mit künstlerischen Mitteln hergestellt wird; ob sie vermittelt und klarmacht, was sie mit den Leuten auf

INSGESAMT IST DIE SZENE NICHT DORT, WO SIE SEIN KÖNNTE, WENN MAN IHRE ANFÄNGE BETRACHTET.

der Bühne zu tun hat. Junges Theater muss mit Energie umgehen und ihr eine Form geben.
Welche Unterschiede stellen Sie fest, wenn mit erwachsenen Profis oder mit Jugendlichen gespielt wird? Was ziehen Sie selber vor?
Damit tue ich mich schwer. Es gibt ja in der Schweiz auch kaum noch professionelle Gruppen, wo erwachsene Schauspieler Jugendtheater machen. Die meisten haben sich oder wurden aufgelöst. Ich ziehe es eh vor, wenn Jugendliche von Jugendlichen gespielt werden.
Wo sehen Sie das *junge theater basel* im Kreis und Kontext dieser Tendenzen im heutigen Jugendtheater?
Ganz klar als Pionier und Solitär. Das ist einerseits ein Theaterlabor mit einer unglaublich konstanten Geschichte, mit hochprofessionellen Regisseurinnen und Choreografen, und andererseits mit einem Nachwuchssystem aus den eigenen Kursen. In dieser Form kenne ich nichts Vergleichbares. Eine grosse Stärke des *jtb* ist auch, dass es total im heutigen Theaterdiskurs drinsteht.
Wo könnte oder müsste das *jtb* noch zulegen?
Was heute ja alle versuchen und was niemandem gelingt, ist die ganze Diversitätsfrage. Wie bildet man diese gesellschaftliche Vielfalt auf allen Ebenen ab, wo setzt man an, wie wird

sie echt sichtbar und spürbar auf der Bühne? An dieser Frage beissen sich zurzeit alle die Zähne aus, und sie stellt sich auch dem *jtb*. Im Publikumsbereich ist das fürs *jtb* einfacher, dank dem Besuch durch Schulklassen. Die Schule ist ja heute der einzige Bereich, wo sich noch alle sozialen und ethnischen Gruppen mischen. Und auch hier geht das *jtb* den richtigen Weg, indem es meist nur Abendvorstellungen spielt, wo sich auch die verschiedenen Publika mischen. Wichtig ist sicher, dass man immer wieder andere Formate und Einflüsse zulässt und sucht, neue Kräfte einbaut. Natürlich gibt es gewisse Formen von Serials – das hat zum Beispiel mit der physischen Energie der jugendlichen Spieler zu tun, wie sie etwa Sebastian Nübling in seinen Produktionen freisetzt. Spannend erscheint mir auch die Öffnung in Richtung Tanz und Choreografie, und auch da ist das *jtb* durch die Arbeit mit Ives Thuwis beispielhaft. Und genau diese Bewegungsformen sind eine der Möglichkeiten, mit Diversität umzugehen, weil dabei nicht das Sprachliche im Vordergrund steht.

Wo nervt oder langweilt Sie junges Theater?
Alles, was versucht, jugendlich zu sein. Wenn eine Jugendlichkeit dargestellt wird, die nicht aus den Jugendlichen selbst erwachsen ist. Das ertrage ich überhaupt nicht. Da entwickle ich körperlichen Widerwillen.

Generell gesprochen: Wie geht es der Schweizer Jugendtheaterszene heute? Wo steht sie? Wo könnte sie stehen?
Es gab eine sehr kräftige Phase in den Achtziger- und Neunzigerjahren, und die ist in den letzten fünfzehn, zwanzig Jahren relativ stark unter die Räder gekommen, weil es ihr nicht gelungen ist, sich zu institutionalisieren. Die kreativ und poetisch versponnene Generation von Beat Fäh, Peter Rinderknecht, Mark Wetter und anderen konnte keinen Nachwuchs etablieren. Im Kinderbereich gibt es heute noch das Basler Vorstadttheater, Sgaramusch in Schaffhausen und Kolypan in Zürich und eine Handvoll weiterer Gruppen. Sie haben überlebt durch die Persönlichkeit der Spielerinnen, aber insgesamt ist die Szene nicht dort, wo sie sein könnte, wenn man ihre Anfänge betrachtet. Es braucht ganz klar Häuser, Orte, wo kontinuierlich, konzentriert und fokussiert für Kinder und Jugendliche gearbeitet werden kann, mit Raum und Luft und langfristigem Schnauf. Ohne Gessnerallee, Kaserne Basel, Schlachthaus Bern und andere Häuser wäre die Situation im Erwachsenentheater genau gleich.

In Zürich gab es ja auch immer wieder Bestrebungen zur Gründung eines eigenständigen Theaterhauses für ein junges Publikum. Warum ist das in der grössten und reichsten Schweizer Stadt (bisher) nicht gelungen?
Weil es nicht ernst genommen wird. Es gibt keine starke politische Lobby dafür. Da muss in den nächsten fünf Jahren ganz dringend etwas passieren. Generell steht die Bedeutung der Kinderfrage, die ganze Krippenproblematik heute an einem anderen Punkt als vor zwanzig Jahren, und auch da hinkt die Politik weit hinterher.

Ist junges Theater denn für die Gesellschaft wirklich wichtig? Und warum genau?
Ganz klar: Ja! Die Teilhabe am kulturellen Leben ist in jedem Alter wichtig. Sowohl die Möglichkeit, selber kreieren zu können, als auch Kunst und Kultur zu begegnen ist kein Luxus, sondern ein zentrales und grundlegendes Recht. Das gehört schlicht zur Grundausstattung einer Gesellschaft. Übrigens sollte auch in ärmeren Weltregionen das Aufwachsen in der eigenen Kultur ein elementares Grundrecht sein. Die übergestülpte amerikanische oder europäische Kultur hat gerade in solchen Ländern einen katastrophal zerstörerischen Charakter in Bezug auf die indigene Kultur. Aktuell gerät zum Beispiel in Afrika ein unglaublicher kultureller Reichtum unter Druck von fundamen-

SAND 2011 Inszenierung: Sebastian Nübling, Ives Thuwis

STRANGE DAYS, INDEED 2008 Choreografie: Ives Thuwis

talistischen christlichen Kirchen und geht so verloren.

Sie überblicken rund vier Jahrzehnte junges Theater im In- und Ausland. Welche grösseren Entwicklungen und Tendenzen lassen sich da herausheben?

Ich sehe drei Tendenzen. Erstens die Entwicklung weg vom themengetriebenen Jugendtheater à la GRIPS, Rote Grütze und anderen hin zu einem Jugendtheater, das den Kunstanspruch höher hängt. Zweitens das Aufkommen von dokumentarischen Formen und stark persönlichen Geschichten. Drittens die immer stärkere Beteiligung der Jugendlichen selber.

Nach welchen Kriterien wählen Sie Theater für Jugendliche und junge Erwachsene zum Beispiel fürs Theaterspektakel oder früher fürs Berner Schlachthaus aus?

Das Wichtigste ist, möglichst verschiedenartige Zugänge zu schaffen und dabei immer auch produktive Stolpersteine einzubauen, damit man im besten Fall anders aus dem Theater rauskommt, als man reingegangen ist. Und das gilt für alle Sparten, da unterscheide ich nicht zwischen Jugend- und Erwachsenentheater.

Können Sie sich vorstellen, als künftiger Direktor der Kaserne Basel auch spannendes und innovatives internationales Jugendtheater einzuladen?

Natürlich, und das muss man dann unbedingt mit dem *jtb* als Nachbar zusammendenken. Solche Synergien zu schaffen und zu nutzen, das ist heute unverzichtbar.

Dieses Buch trägt den Untertitel ‹Junges Theater zwischen Traum und Revolte›. Was sagen Ihnen diese beiden gegensätzlichen Begriffe in Bezug auf jugendliches Theater?

Das trifft viel vom jugendlichen Lebensgefühl, wie ich es kenne. Da ist die poetische Traumseite, die Welt steht einem zu grossen Teilen offen, zumindest in unserer privilegierten Situation. Und gleichzeitig muss man

KUNST UND KULTUR IN JEDEM ALTER ZU BEGEGNEN IST EIN GRUNDLEGENDES RECHT.

sich als Jugendlicher ständig auch abgrenzen, sich eine eigene Position erkämpfen, und das hat viel mit Revolte zu tun.

Als Direktor eines internationalen Festivals präsentieren Sie viele interkulturelle Projekte. Haben solche Produktionen nicht oft etwas von einem Zoo? **Man sieht sich einmal etwas sehr Spezielles an, kennt keinerlei Koordinaten und geht hinterher wieder in sein gewohntes Leben zurück. Etwas provokativ gefragt: Sind solche Projekte nicht letztlich eine Verschleierung der Spannungen, die im Aufeinandertreffen der Kulturen liegen?**

Diese Gefahr besteht. Was es auf allen Ebenen braucht, damit dies nicht geschieht, sind längerfristige und verbindliche Partnerschaften. Das machen inzwischen verschiedene Häuser so, zum Beispiel auch das Berner Schlachthaus bei seinen Projekten mit Pristina. Fürs Theaterspektakel haben wir eine solche Zusammenarbeit über mehrere Jahre hinweg mit verschiedenen Künstlern aufgebaut. Das ermöglicht eine vertiefte Auseinandersetzung mit den jeweiligen Regionen. Im wirtschaftlichen Bereich sind solche Kontakte Alltag, im kulturellen müssen wir uns diesen globalisierten Prozessen meines Erachtens genauso stellen. ■

Sandro Lunin ist seit 2007 künstlerischer Leiter des Zürcher Theaterspektakels und wird ab der Saison 2018 Direktor der Kaserne Basel.

THEATER HEISST, DAS MENSCHSEIN AUF DIE PROBE ZU STELLEN

Simon Stephens

DER BRITISCHE DRAMATIKER SIMON STEPHENS DENKT ÜBER DIE ROLLE DER GEWALT IM THEATER FÜR JUGENDLICHE NACH.

■ Ich habe drei Theaterstücke geschrieben, die vom *jungen theater basel* aufgeführt wurden: 2004 koproduzierte es die deutschsprachige Erstaufführung meines Stückes ‹Herons› (dt. ‹Reiher›), 2009 brachte es ‹Punk Rock› und 2013 die deutschsprachige Erstaufführung von ‹Morning› auf die Bühne. Ich schrieb ‹Morning› aufgrund von Anstössen aus einem Workshop mit je drei jungen Schauspielenden aus Basel und vom Lyric Hammersmith Theatre in West-London.

Uwe Heinrich, der Leiter des *jtb*, hat mich gebeten, einen Beitrag für dieses Buch zu schreiben. Ich solle unbedingt darüber schreiben, weshalb meine Stücke so gewalttätig sind. Denn immer wieder werde er gefragt: «Uwe, warum sind Simon Stephens' Stücke für junge Leute so voll von Gewalt?»

Ich glaube, diese Leute meinen, dass Gewalt im Theater für junge Leute keine zentrale Rolle spielen sollte. Sie wollen vermutlich, dass Theater das ist, was an US-amerikanischen Universitäten ein «sicherer Ort» genannt wird, in dem junge Leute ihr Selbstgefühl durch Zusammenarbeit und Geschichten und aktives Handeln erkunden können.

Sie liegen falsch.

Sie liegen falsch aus zwei Gründen. Erstens: Das Theater sollte nie ein sicherer Ort sein. Und schon gar nicht für junge Leute. Es ist ein Ort, wo man hingehen und sich Geschichten erzählen und nachdenken kann, und das Denken sollte dabei nie sicher sein. Sicheres Denken führt bloss zu Erstarrung, und Gewaltherrschaften lieben erstarrte Menschen.

Zweitens, und ganz wichtig: Meine Stücke sind nicht gewaltsam. Ein gewaltsames Theaterstück, das gibt es nicht. Kein Theaterstück hat je jemanden verprügelt. Kein Theaterstück hat je jemanden abgestochen. Kein Theaterstück hat je jemanden erschossen. Kein Theaterstück hat je jemanden in die Luft gesprengt. Kein Theaterstück ist je auf einem Weihnachtsmarkt mit einem Lastwagen in Unbekannte gerast oder hat an einem Rockkonzert ein Maschinengewehr leer geschossen. Theaterstücke sind rund um strukturierte und imaginierte Verhaltensweisen aufgebaut. Gewalt ist nie strukturiert.

MENSCH ZU SEIN BEDEUTET, MIT DER GEWALT ZU LEBEN UND MIT DER SEXUALITÄT ZU LEBEN.

Und Gewalt ist real. Richtig: Ein Theaterstück wird auf einer Bühne gespielt. Aber ganz wichtig: Es lebt nicht auf der Bühne allein, sondern im Raum zwischen der Bühne und dem Zuschauerraum. Ein Theaterstück wird in der Vorstellungswelt der Zuschauer lebendig.

REIHER von Simon Stephens 2003 Regie: Sebastian Nübling

Ich glaube, die Frage, die Uwe mir eigentlich stellen wollte, war: Ob es richtig ist, junge Leute zu bitten, sich entweder als Zuschauende oder als Schauspielende Gewalt vorzustellen. In den Inszenierungen meiner Stücke am *jtb* kommen sieben imaginäre Morde und eine Reihe von imaginären Vorfällen psycho-sexuellen Mobbings vor. Darf man es verantworten, junge Schauspielerinnen und Schauspieler und ein junges Publikum zu ermutigen, sich solche Grenzerfahrungen auszumalen?
Ich glaube ganz entschieden: Ja.
Ich glaube dies aus verschiedenen Gründen. Junge Leute mögen Geschichten voller Gewalt. Eine oberflächliche Betrachtung der beliebtesten Geschichten, auch schon für ganz kleine Kinder, zeigt ganz klar, dass sie charakterisiert sind durch Mobbing, Prügel und Verrat und dass es in ihnen von Waisen wimmelt, deren Eltern oft ermordet wurden. Junge Leute lieben brutale Romane, brutale Filme, brutale Bilderbücher und brutale Theaterstücke, und es ist gut und richtig, junge Leute die Dinge, die sie lieben, geniessen zu lassen.

Ich glaube, dass sich junge Leute gerne Gewalt in ihren Köpfen ausmalen, nicht weil sie in ihrem Leben Gewalt kennenlernen oder mit ihr experimentieren wollen, sondern weil sie wissen, dass Gewalt, genauso wie Sex, schon seit dem frühesten Homo sapiens ein fundamentaler Bestandteil menschlicher Existenz ist. Der Homo sapiens überlebte die anderen Hominiden nur, indem er sie tötete oder vögelte. Mensch zu sein bedeutet, mit der Gewalt zu leben und mit der Sexualität zu leben.
Auch wenn unsere Kultur und unser Planet heute vielleicht weniger gewaltsam sind als in der Vergangenheit und wenn der Mensch anders als noch vor hundert Jahren in der Regel länger als vierzig Jahre lebt, ohne dass er zu Tode geknüppelt oder auf der Strasse vergewaltigt wird, ist die Gewalt Teil unseres Lebens geblieben. Unsere Nachrichtenkanäle geben uns Einblick in Gewalttaten, die sich tagtäglich auf der ganzen Welt ereignen – und vielleicht empfinden wir unser Leben deshalb als weniger sicher, auch wenn es sicherer geworden ist. Der imaginäre Ort, der symbolische Raum von Erzählung, von Theater, bietet allen Menschen

die Gelegenheit, mögliche Erscheinungen von Gewalt auszuloten und sie zu verstehen. Dies öffnet nicht die Schleusen zum Ausprobieren von Gewalt, sondern dazu, Empathie zu empfinden mit einer Gewalttat oder mit dem Opfer von Gewalt, sodass man sie wirklich besser versteht. Wahrscheinlich können wir nur durch unsere Vorstellungskraft mit Gewalt leben, ohne selbst gewalttätig zu sein.

Dies ist, mehr als irgendetwas anderes, die Funktion unserer Theaterbühnen und die Funktion von Theater überhaupt. Theater befasst sich mit Ursache und Folge. Wir alle gehen ins Theater, damit wir umfassender verstehen, weshalb Menschen das tun, was sie tun. Wenn man bedenkt, dass Gewalt seit je ein Grundelement des Lebens war und noch immer ist, dann liegt es für mich absolut auf der Hand, wozu wir unser Theater benutzen: um zu verstehen, weshalb Menschen gewalttätig sind und was geschieht, wenn Menschen Gewalttaten ausüben. Wie mein Mentor und Freund Edward Bond sagte: Das Theater ist ein Ort, wo wir psychopathische Handlungen ergründen können, ohne dass wir selbst Psychopathen sein müssen.

Das Theater ist der beste Ort für eine solche Erkundung. Diese Auseinandersetzung mit Ursache und Folge kann in Videospielen nicht auf die gleiche Weise geführt werden. Auch nicht in Dokufilmen oder Nachrichtenbeiträgen. Nicht einmal in Spielfilmen oder am Fernsehen oder in Romanen. Die Elemente, die das Bühnentheater ausmachen, sind einfach. In den dreissig Jahren, in denen ich mich mit Theatermachen beschäftige, haben diese einfachen Elemente an Schärfe gewonnen, ohne dass sie sich geändert haben.

Wir lassen uns aufs Theater öffentlich, in einem Theaterraum, ein. Wir sitzen da zusammen mit Leuten, denen wir noch nie begegnet sind, und wir schauen in die gleiche Richtung wie sie. In unserem Leben, das aus ökonomischen oder geschlechtsspezifischen oder sexuellen Gründen immer mehr vereinzelt wird, ist diese Erfahrung immer seltener geworden. Früher war dafür die Kirche zuständig. Das Theater ruft uns in Erinnerung, dass wir in einer Gemeinschaft leben.

EINE KULTUR, DIE AUF DER DÄMONISIERUNG VON RANDSTÄNDIGEN AUFBAUT, IST EINE STERILE KULTUR.

Wir lassen uns auf eine Live-Darbietung ein. Wir schauen zu, wie etwas vor unseren Augen und an dem Ort passiert, wo wir sind. Das Schauspiel hat eine unmittelbar sinnliche Qualität, die dem Film abgeht. Und es hat eine Blickdauer, die höchste Konzentration erfordert. Filmszenen dauern Sekunden. Theaterszenen dauern viele Minuten. Die Unmittelbarkeit der Erfahrung nimmt das Publikum, nicht nur die Schauspielenden, in die Verantwortung. Das Theater ist einer der wenigen Orte, wo man sein Mobiltelefon ausschalten und zuschauen muss, wie sich etwas langsam entfaltet. Man muss sich konzentrieren. Wir spüren es, wenn sich andere Leute im Publikum nicht konzentrieren. Sie zerstören den Raum des Theaters für uns alle. Also wissen wir: Wir müssen uns konzentrieren, sonst werden wir zu selbstbezogenen Narzissten.

Diese Eigenschaften – die Unmittelbarkeit und die Dauer des Blickes, die Öffentlichkeit und die Bereitschaft des Publikums, sich etwas nicht nur anzuschauen, sondern sich auch darauf einzulassen – machen das Theater zum wichtigsten Ort für ein Nachdenken darüber, was es heisst, lebendig zu sein.

Wir gehen ins Theater, um Empathie zu erleben. Wir gehen ins Theater, um unser Menschsein auf die Probe zu stellen. Wir müssen Empathie für alle Menschen erleben, nicht nur für diejenigen, die sicher sind. Indem wir das Menschsein der Psychopathen ausloten, der gewaltsam Enteigneten, der Psychotiker, der Einsamen, der Verzweifelten, untersuchen wir das Menschsein viel umfassender. Dies ist nicht etwas, was im Theater ausgeblendet werden darf. Vielmehr ist genau dies unser Job.

ICH MAG DAS THEATER ALS ERNSTHAFTEN ÖFFENTLICHEN ORT FÜR EXAKTES, KOLLABORATIVES UND IMAGINÄRES DENKEN.

Denn wenn wir uns nicht in die Randständigen einfühlen können, in die Verzweifelten und die Soziopathen, dann verschwinden diese Menschen nicht einfach, sondern sie werden dämonisiert. Eine Kultur, die auf der Dämonisierung von Randständigen aufbaut, ist eine sterile Kultur. Es liegt in unserer Verantwortung, unsere Kultur auf dem Gegenteil davon aufzubauen. Es liegt in unserer Verantwortung, der nächsten Generation Mitgefühl und ein reiches imaginäres Verstehen der Komplexität der Menschen mitzugeben. Das Theater bietet sich für dieses Verstehen mehr an als irgendetwas anderes.

Die Würde und Menschlichkeit dieser Ausforschung ist für die Schauspielenden genauso ergiebig wie für das Publikum. Ich habe mich selten sicherer gefühlt als in Proberäumen, in denen ich eine fiktive Nacherzählung von Gewalttaten geprobt habe. Schauspieler kümmern sich umeinander. Sie schauen zueinander. Sie fühlen Empathie. Sie fühlen sich nicht nur in die Verzweiflung oder die Entwurzelung der Rollen ein, die sie sich vorstellen, sondern auch ineinander.

Die jungen Menschen, die in ‹Reiher› und ‹Punk Rock› und ‹Morning› mitgemacht haben, sind Freunde geworden. Im Verlauf der Proben konnten sie miteinander Ideen erkunden, und das auf eine Art und Weise, die sowohl strukturiert

MORNING von Simon Stephens 2013 Regie: Sebastian Nübling

MORNING von Simon Stephens 2013 Regie: Sebastian Nübling

PUNK ROCK von Simon Stephens 2010 Regie: Sebastian Nübling

als auch kreativ ist. Sie haben sich gegenseitig bestärkt und applaudiert. Sie haben einander allmählich vertraut. Indem sie zusammen Gewalt gründlich erforscht haben, haben sie ihr eigenes Leben mit mehr Anteilnahme gestaltet.

Vielleicht macht man sich Sorgen über einen kausalen Zusammenhang zwischen der Beschäftigung mit brutalen Geschichten in Filmen, Büchern oder im Theater und gewalttätigem Verhalten. Wir hören oft genug von Massenmördern, die süchtig waren nach gewaltverherrlichenden Filmen oder Musik oder die wie besessen die immer gleichen Bücher mit Gewaltdarstellungen lesen. Ich halte diese Überlegungen für falsch, weil sie die Gewalt in den erfundenen Geschichten verorten. Diese Mörder sind gewalttätig, weil unsere Kultur sie an den Rand gedrängt oder weil unsere Wirtschaftsordnung sie bestraft hat. Ihre Brutalität ist eine Antwort auf diese Marginalisierung. Wenn man den Storys, mit denen sie sich befassen, die Schuld dafür gibt, dann ist das in etwa so intelligent, wie den Turnschuhen, die sie tragen, oder dem Essen, das sie zu sich nehmen, die Schuld zu geben. Und überhaupt: Diese Schuldzuweisung ist bloss ein Akt der Verdrängung, der uns davon abhält, uns für diese Wirtschaftsordnung und diese Kultur moralisch verantwortlich zu fühlen.

Ich habe das starke Gefühl, dass es fatal wäre, das Theater als Ort für junge Menschen nicht ernst zu nehmen. Wenn wir sie davon abschirmen, ihr Theater in einen Ort zu verwandeln, wo gefährliche Ideen erkundet werden können, dann werden diese Ideen einfach an anderen Orten erkundet. Wenn wir junge Menschen davon abhalten, sich Gewalt im Theater vorzustellen, dann werden sie nicht einfach aufhören, sich Gewalt überhaupt vorzustellen. Sondern sie werden sich Gewalt einfach in Videospielen oder Filmen und Internet-Streams auf ihren Smartphones vorstellen. Das sind alles tolle Medien, aber sie befragen Ursache und Folge weder so gründlich noch so umfassend wie unser Theater. Ausserdem werden Ursache und Folge dann in Bereichen erkundet, die eher Dämonisierung und Selbstbezogenheit fördern als Einfühlungsvermögen und Zusammenarbeit. Ich glaube, dies hat Edward Bond gemeint, als er sagte: «Wenn man sich mit Hiroshima nicht im Theater auseinandersetzen kann, dann endet man am Ende in Hiroshima selbst.»

Ich mag das Theater. Ich mag es als ernsthaften öffentlichen Ort für exaktes, kollaboratives und imaginäres Denken. Ich mag junge Menschen. Ich habe grosses Vertrauen in junge Menschen und in ihre Fähigkeit, die Organisation der Welt in bessere Hände zu nehmen als meine Generation, und ich vertraue auf ihre Intelligenz und auf ihre Fähigkeit zu Empathie und Ernsthaftigkeit. Ich schreibe Theaterstücke, die um imaginäre Gewalttaten kreisen, weil dies die Theaterstücke sind, die ich mir selbst anschauen will. Nur durch das Anschauen dieser Stücke kann ich mir in Erinnerung rufen, was es bedeutet, Mensch zu sein. Ich würde den Gedanken, jungen Menschen die gleiche Tiefe von Erfahrung zu verwehren, als grossen Verrat an meiner künstlerischen Verantwortung betrachten. ■

Übersetzung aus dem Englischen: Urs Lauer

Simon Stephens (*1971) ist einer der bedeutendsten britischen Dramatiker der Gegenwart. Er hat bisher über zwanzig Theaterstücke geschrieben, oft über junge Menschen, und gehört zurzeit zu den meistgespielten ausländischen Gegenwartsautoren auf deutschsprachigen Bühnen. In der Kritikerumfrage von ‹Theater heute› wurde er 2006, 2007, 2008, 2011 und 2012 zum besten ausländischen Dramatiker des Jahres gewählt. Er lebt in London.

«WIR INVESTIEREN HIER LEBENSZEIT – UND DAS SOLL MAN AUF DER BÜHNE AUCH SEHEN»

EIN GESPRÄCH MIT **SEBASTIAN NÜBLING**, DEM WICHTIGSTEN REGISSEUR DER LETZTEN ZWANZIG JAHRE AM JUNGEN THEATER BASEL

■ Sebastian Nübling, Sie haben in den letzten zwanzig Jahren einundzwanzig Inszenierungen für das *junge theater basel* realisiert. Sie sind dadurch zweifellos der prägendste Regisseur des *jtb*. Gleichzeitig inszenieren Sie seit gut siebzehn Jahren erfolgreich an grossen Häusern von Berlin bis Wien, von München bis Zürich, von Amsterdam bis Tallinn. Was zieht Sie immer wieder zurück zum *jtb*, wo Sie jährlich mindestens eine Produktion mit jugendlichen Laien auf die Bühne bringen?

Hier habe ich meine ersten Regiearbeiten im professionellen Umfeld gemacht. Es ist dank Heidi Fischer, die mir viel Vertrauen entgegengebracht hat, meine theaterbiografische Heimat. Der Kontakt und Austausch mit jungen Menschen macht mir einfach unglaublich Spass. Ich liebe dieses ganz direkte und konzentrierte Arbeiten ohne grossen Apparat ringsum. Die Beschränktheit der Mittel generiert eine grosse Freiheit, und das brauche ich immer wieder als Ausgleich zur grossen Maschinerie in den Stadttheatern.

Was ist das Besondere, das Unverwechselbare bei dieser Arbeit mit jungen Menschen?

Ich arbeite mit jugendlichen Laien nicht grundsätzlich anders als mit Profis. Es geht immer darum: Wie schafft man ein angstfreies Klima, damit sich alle, ich inklusive, trauen, sich etwas einfallen zu lassen? Es gibt einen Unterschied auf der handwerklichen Ebene, für die ich bei Jugendlichen mehr zuständig bin; Profis machen das von sich aus. Aber es kommt immer sehr viel von den jungen Menschen. Oft sind das Dinge, die nicht mit Absicht passieren, sondern in der Pause, beim Rumalbern oder so, und dann merkt man, das hat was mit dem Stück zu tun, was passt.

Wenn man Sie bei den Proben mit jungen Leuten erlebt, glaubt man ja nicht, dass Sie jetzt 57 sind. Wie behält man über so lange Zeit einen so intensiven Draht, diesen frischen Bezug zur Jugend?

Viel reden, auf die Leute zugehen, Fragen stellen und merken, wo es ein Befremden gibt, wo ich etwas nicht verstehe oder mich nicht verständlich machen kann. Unverständnis oder Missverständnisse sind nicht immer, aber oft gute, produktive Anknüpfungspunkte für Auseinandersetzungen über Inhalte und Form. Und Musik ist für mich und für viele Jugendliche ein Ort, an dem wir uns treffen. Weil wir uns für Musik interessieren und weil Musik und die damit verbundenen Bildwelten ein wichtiges Element in der Probenarbeit sind. Es gibt sicher zu jeder Arbeit, die ich am *jtb* gemacht habe, ein, zwei, drei wichtige Musikstücke, die oft in der Aufführung auftauchten und stilbildend waren.

Wie haben Sie ‹Jugend› wahrgenommen in diesen zwanzig Jahren? Das ist ja die Zeitspanne einer ganzen Generation. Was bleibt gleich, was ändert sich?

Ich bin kein Soziologe und erlebe ‹Jugend›, wenn es das denn gibt, nur anhand der jungen Menschen, mit denen ich gerade probe. Wir arbeiten ja immer über einen thematischen Bezug – da geht es oft um Identitätsfragen, um das Herausbilden eines Lebensentwurfs, einer politischen Position auch. Die Auseinandersetzung mit diesen Themen erlebe ich mehr als quasi anthropologische Konstante. Das wird in meiner Wahrnehmung auch nicht wesentlich

DIE BESCHRÄNKTHEIT DER MITTEL GENERIERT EINE GROSSE FREIHEIT.

überformt durch Phänomene wie das Aufkommen der sozialen Medien. Mein Bild von Jugend ist deshalb immer konkret gefärbt durch das, was wir thematisch gerade machen, und durch das Miteinander mit den jeweiligen Beteiligten.

Mit welcher Metapher würden Sie Ihre konkrete Theaterarbeit mit Jugendlichen umschreiben?

NEXT LEVEL PARZIVAL von Tim Staffel 2007 Regie: Sebastian Nübling

Vielleicht mit einer Achterbahnfahrt. Es ist immer ziemlich schnell und sehr kurvig, Rauf oder Runter kommen überraschend daher, und es kann einen unvermittelt irgendwohin schlagen. Aber mit ziemlicher Sicherheit kommt man irgendwann an.
Wie wählen Sie die Stoffe für junges Theater aus?
Eine wichtige Quelle ist die Arbeit mit Autoren wie Tim Staffel, Simon Stephens oder Sasha Marianna Salzmann, die Identitätsproblematiken in spannenden, neuen Formen erzählen. Im Austausch mit ihnen entstehen Ideen. Und dann versuche ich, immer ein offenes Auge zu haben für Geschichten, in denen junge Menschen zentral vorkommen. Wenn ich Filme sehe oder Serien oder einen Comic oder wenn ich Zeitung lese, dann läuft das eigentlich immer mit.
Wenn man Ihre Inszenierungen für das *jtb* Revue passieren lässt, fällt auf, dass darin oft ganz konkrete gesellschaftliche Konfliktzonen angesprochen werden.
Mich interessieren Gegenwartsfragen. Wie gehen wir um mit Aggression? Wie sieht generell unser Gewalthaushalt aus? Was kann ich im fiktionalen Raum abhandeln, und was muss ich wirklich ausagieren? Wie bewegen wir uns in sozialen Zusammenhängen? Das Leben in der Massengesellschaft ist voller Konfliktzonen, und dem muss man sich aussetzen. Das ist wichtig im Theater, gerade für junge Menschen, die noch nicht so festgelegt sind.
Hat sich für Ihre Probenarbeit mit jungen Menschen eine Art Struktur herausgebildet? Gibt es feste Abläufe, Phasen, in die sich die Arbeit gliedert?
Ja, es hat sich ein Grobschema herausgebildet: Die ersten zwei Wochen sitzen wir meist um den Tisch und übertragen gemeinsam den hochdeutschen Stücktext in die Mundart. In dieser Übersetzungsleistung geschieht auch die Verfeinerung des Themas, eine erste Aneignung und Konkretisierung der Figuren, ein erstes Ausloten des Verhaltensspektrums, und wir ziehen auch Theoriematerial zum Thema bei. In dieser Phase reden wir viel miteinander, natürlich auch über unterschiedliche Blickwinkel auf ein Thema oder verschiedene Lesarten einer Geschichte oder Situation. Die nächsten sechs Wochen widmen wir dem szenischen Ausprobieren dessen, was wir vorher theoretisch diskutiert haben. Ich

DAS LEBEN IN DER MASSENGESELLSCHAFT IST VOLLER KONFLIKTZONEN, UND DEM MUSS MAN SICH AUSSETZEN.

arbeite wirklich gern mit Texten, weil mich dieser alchemistische Vorgang jedes Mal von Neuem fasziniert, wie sich aus einem zweidimensionalen Blatt Papier mit ein paar seltsamen Zeichen drauf im Prozess der Probenarbeit ein lebendiges dreidimensionales Gebilde entwickelt. Und diese spezielle Form der Fantasie, dass also aus Text 3D werden kann, die bereiten wir in harter Arbeit am Tisch vor.

Ab wann und wie kommt die Frage der Gestaltung, der ästhetischen Form ins Spiel?
Zunächst gibt es meist eine Setzung durch das Bühnenbild, das ganz bestimmte Bewegungen erfordert oder behindert, oder durch inhaltliche Thesen zum Stück. Manchmal bringe ich auch schon ein konkretes Bild mit, von dem aus ich dann starte, wie zum Beispiel bei ‹Morning›, wo ich ein Foto von jungen, feiernden Menschen am Flüsschen Wiese im flirrenden Gegenlicht gesehen habe, und daraus wurden dann die Staubtrinker im Stückanfang. Oft ist das ja ein etwas undurchsichtiger Vorgang, auch für mich selber, wie eine Bildwelt entsteht für das, was wir erzählen wollen. Ich finde es jedenfalls wichtig, dass es allen deutlich wird, dass auch Bilder und Sounds Erzählung sind und nicht nur Worte.

Welches ist die herausforderndste Phase in der Probenarbeit?
Sicher die Schlussphase. Da werden der Druck und die Verantwortung für mich grösser, weil jetzt viele Entscheidungen getroffen werden müssen. Das ist dann schon mein Job.

Wie und warum sind Sie auf das gekommen, was seit bald zwei Jahrzehnten als eines Ihrer Markenzeichen gilt: der sportiv-dynamische Zugang über Bewegung?
In körperlichen Vorgängen drückt sich oft etwas aus, das im Sprachlichen noch gar nicht formuliert ist. Deshalb suche ich erst einmal einen Zugang über die Bewegung, bevor die Sprache dazukommt. Körperliche und sprachliche Ebene können sich dabei widersprechen, und aus dieser Ambivalenz ergibt sich eine Komplexität, die für mich viel mit Realität zu tun hat.

Auch professionelle Theaterschauer staunen immer wieder, wie jugendliche Laien im *jtb* über sich hinauswachsen, was man hier alles aus ihnen herausholt und wie ‹authentisch› sie dabei gleichzeitig wirken. Wie macht man das?
Das mache ich gar nicht. Es ist ja nicht etwas, was vorher nicht da ist. Es ist ein prozesshaftes Geben und Nehmen. Ich sehe die jungen Menschen oft auch neben der Probe, in der Pause, auf einer Party oder beim gemeinsamen Mittagessen, und wie sie da aus sich herauskommen. Es ist vielleicht ungewöhnlich, wenn wir das in einem theatralen Rahmen dann auch benützen. Die Frage ist für mich mehr, wie ich den Transfer vom realen Leben auf die Bühne schaffe. Es ist ja Lebenszeit, die wir hier investieren, und das soll man auf der Bühne dann auch sehen. Darum geht's eigentlich. Und man darf nicht vergessen: Alles, was so natürlich und ‹authentisch› wirkt, ist im Probenprozess ziemlich knallhart konstruiert.

> **DIE FRAGE IST, WIE ICH DEN TRANSFER VOM REALEN LEBEN AUF DIE BÜHNE SCHAFFE.**

Wie würden Sie Ihr künstlerisches Verständnis von jungem Theater beschreiben?
Ich mache vom Ansatz her kein anderes Theater, ob ich mit Profis oder mit Laien arbeite. Mit verschiedenen Voraussetzungen umgehen muss man immer. Was mich dabei interessiert, ist das soziale Feld, die Beziehungen und Muster, in denen wir uns bewegen. Das ist der ewige Stoff für das Theater.

Wenn Sie drei Regeln für junges Theater formulieren dürften oder müssten, welche wären es?
Dass es immer persönlich ist. Dass gleichzeitig eine Form von künstlerischer Abstraktion erreicht wird. Und dass es komplex und damit reichhaltig ist. ∎

Sebastian Nübling studierte Kulturwissenschaften an der Universität Hildesheim, lehrte dort als Dozent und gründete mit anderen freien Künstlerinnen und Künstlern die Gruppe Theater Mahagoni. Mit seiner Inszenierung von ‹Die Schaukel› (2000) gewann das *jtb* den ‹Impulse›-Preis, den Oscar der freien Szene, und mit ‹Fucking Åmål› (2005) den begehrten Kurt-Hübner-Preis beim gleichen Festival. Er inszeniert an verschiedenen grossen Häusern und regelmässig auch am *jungen theater basel*. Seine Inszenierungen wurden schon mehrfach zum Berliner Theatertreffen eingeladen.

ZUCKEN von Sasha Marianna Salzmann 2017 Sebastian Nübling (2.v.l., Probe)

Ich schaue zurück

zuerst dunkel
die Wehmut
dann funkeln
von Herzblut
besprenkelte
Bühnenbildblicke
Flickenteppich
Zittersätze
die wir
wie Bauklötze
zusammensetzten
ein Vorhang
bricht auf
gleitet mir
wie ein Rabenflügel
vom Pflasterrücken
Tasttanz und Textton
Theaterstücke
woher kommen die
Schatten an Knien
lern ich neu laufen
ich spre-spreche
sto-stotter-still
schweige
zum ersten Mal laut.

Eine Liebe
glomm sommerlich auf
im Jottebe-Bauch
und auch wachsender Flaum
an Ellbogenrändern
der leuchtete
im Licht der Unverwundbarkeit
Sarah Altenaichinger, Spielerin

Die Zeit im *jungen theater* hat mich aufgerüttelt, wütend und empört gemacht, gab mir den Mut, mit lauter Stimme zu sprechen.
Noemi Steuerwald, Spielerin

Probephase in meinem ersten Kurs mit Zweierszenen. In einer gesteht eine Figur der andern, dass sie sie liebt. Ich wollte diese Szene unbedingt spielen, obwohl mich das Thema eigentlich komplett überforderte. Ich mochte den Gedanken, in der Szene so zu wirken, als wäre es ‹keine grosse Sache› für mich. Aber natürlich war es eine riesige Überwindung. Solche Momente habe ich im *jungen theater* immer wieder gesucht und gelernt, sie zu mögen.
Alina Immoos, Spielerin

Ist es der Erfolg des Hauses, mit dem ich mich verbinden möchte wie ein Händler, der seine Felle am rechten Ort verkaufen will? Oder wie ein Nierenkranker, der ohne die regelmässige Dialyse stürbe? Sind es Freunde, denen ich nah sein möchte? Seit ich mir diese Frage stelle, merke ich, dass ich unzertrennlich mit dem *jungen theater basel* verbunden bin. Privat und beruflich, mit meinen Fähigkeiten und Interessen, in der Vergangenheit, vielleicht auch in der Zukunft. Ich kehre nicht zurück, vielmehr bin ich geblieben. Wollte ich mich lösen von ihm, so müsste ich ein Gebiet auf meiner Karte hergeben, dessen Grösse ich nicht einmal zu bestimmen in der Lage bin. Und es beschleicht mich die wiederkehrende Sorge, die ich nicht begründen kann: Dies hier sei ein unvergleichlicher Ort, und man finde auf der Welt keinen zweiten solchen.
Lucien Haug, Spieler und Autor

Hier habe ich gelernt, auf der Bühne schamlos eine Stunde durchzutanzen. Bis heute schwingen sich meine Gliedmassen scheinbar unkontrolliert in alle Richtungen, kaum gibt's einen Beat. Das ist befreiend! Nur das mit dem ‹jemanden auf der Tanzfläche kennenlernen› kann ich mir seither schenken … Egal.
Andrea Scheidegger, Spielerin

Im *jungen theater basel* habe ich gelernt: Sei du selbst, und es ist ok so!
Julian Schneider, Spieler

Du warst für mich wie ein zweites Daheim. Jeder Kurs und jede Produktion sind in der Erinnerung an eine Musik geknüpft. Bei den ‹Dear Wendy›-Proben haben wir bei jedem Game das Prodigy-Album ‹Invaders Must Die› gehört, ich kenne die Musik in- und auswendig. Sie wieder zu hören ist wie eine kleine Zeitreise.
Alma Handschin, Spielerin

Drei Tipps für *jtb*-Frischlinge: 1. Es ist ok, nicht gerne zu gamen. Fertigkeiten wie ein ausgeprägtes Brülltalent sind genauso gerne gesehen. 2. Verlieben besser erst nach der Dernière. 3. Die Selbsthilfegruppe *junges theater basel* gibt es nicht. Geniesse die Zeit am *jtb*, dem besten Ort der Welt. Du wirst hier deine junge, übersprudelnde Energie und Kreativität in etwas Wundervolles verwandeln können und unvergleichliche Freundschaften schliessen.
Ann Mayer, Spielerin

«Wie wirst du wohl aussehen?», sprach meine Mutter vor einundzwanzig Jahren auf der Bühne des *jtb*. Sie streichelte ihren Bauch, sie streichelte mich in diesem Bauch. Das war meine erste Aufführung beim *jtb* – pränatal. Später würde ich zurückkehren und sehr viel Zeit meiner Jugend hier verbringen. Ich würde hier viel Selbstbewusstsein tanken und wunderbare Menschen kennenlernen. Ich würde einmal Teil dieser Theaterfamilie sein, der ich eigentlich schon damals angehörte.
Maru und Natascha Rudin, Spielerinnen

Ich habe noch nie so wenig geredet wie am Anfang unserer Probenzeit. Und wenn ich endlich gesprochen habe, schämte ich mich gleich wieder dafür. Denn ich sass ja mit schrecklich schlauen Leuten am Tisch, die in den nächsten Monaten, in denen ich mich auch traute, etwas von mir zu erzählen, zu schrecklich schlauen Freunden wurden.
Paula Louise Müller, Spielerin

2017	**ZUCKEN**
2016	**WOHIN DU MICH FÜHRST**
2016	**MELANCHOLIA**
2011	**SAND**
2014	**STROM**
2014	**CAMP CÄSAR**
2011	**FAUST JR.**
2015	**FLEX**
2013	**MORNING**
2010	**PUNK ROCK**
2012	**TSCHICK**
2009	**DEAR WENDY**
2015	**NOISE**

WOHIN DU MICH FÜHRST nach David Grossman 2016 Regie: Suna Gürler

MELANCHOLIA 2016 Inszenierung: Sebastian Nübling, Ives Thuwis

SAND 2011 Inszenierung: Sebastian Nübling, Ives Thuwis

STROM von Jacob Aaron Estes 2014 Regie: Suna Gürler

46/47

CAMP CÄSAR von Tim Staffel 2014 Regie: Daniel Wahl, Choreografie: David Speiser

FAUST JR. von Matthias Mooij 2011 Regie: Matthias Mooij

FLEX 2015 Regie: Suna Gürler

MORNING von Simon Stephens 2013 Regie: Sebastian Nübling

PUNK ROCK von Simon Stephens 2010 Regie: Sebastian Nübling

TSCHICK nach Wolfgang Herrndorf 2012 Regie: Suna Gürler

DEAR WENDY nach Lars von Trier 2009 Regie: Sebastian Nübling

MORNING von Simon Stephens, Regie: Sebastian Nübling

NOISE 2015 Regie: Sebastian Nübling

66 «DAS SCHÖNSTE IST, WENN SIE DAS ENTFALTEN KÖNNEN, WAS SIE MITBRINGEN»
EIN GESPRÄCH MIT HEIDI FISCHER

70 KOMPLEXE BÜHNEN – FRAGILE PUBLIKA
ULLA AUTENRIETH

74 «ES BRAUCHT EIN SOLCHES LABOR, WO MAN ERFAHRUNGEN MACHEN KANN, DIE IN DIE GESELLSCHAFT ZURÜCKFLIESSEN»
EIN GESPRÄCH MIT MICHAEL KOCH

«DAS SCHÖNSTE IST, WENN SIE DAS ENTFALTEN KÖNNEN, WAS SIE MITBRINGEN»

EIN GESPRÄCH MIT **HEIDI FISCHER,** DER LEITERIN DES JUNGEN THEATERS BASEL VON 1990 BIS 2000, ÜBER IHRE SPEZIELLEN ERINNERUNGEN UND IHREN HEUTIGEN BLICK AUF JUNGES THEATER

■ **Heidi Fischer, Sie haben sich damals als Theaterfrau – mit über zwanzigjähriger Erfahrung als Bühnen- und Kostümbildnerin im professionellen Theaterbetrieb – für die Leitung des *jungen theaters basel* beworben. Welches war Ihre Hauptmotivation für diesen Blickwechsel?**
Um es pragmatisch zu sagen: Ich bin als halbnomadische Theaterfrau alle drei Jahre umgezogen, hatte heranwachsende Kinder und einfach keine Lust mehr am Herumziehen.
Es ist vielleicht schon komisch, dass ich beim jungen Theater gelandet bin, denn grundsätzlich finde ich ja, es gibt entweder gutes oder schlechtes Theater, aber sicher nicht eines nach Altersklassen. Dann habe ich diese Ausschreibung gesehen und in Daniel Buser, meinem Vorgänger, zum ersten Mal im Leben einen Menschen getroffen, mit dem ich mich auf Anhieb bestens verstanden habe. Der war fordernd, der war frech und hat gute Fragen gestellt. Und das hat mich ermutigt, ins Jugendtheater einzusteigen.

Sie haben als ‹Raumfrau› dem *jtb* auch neue Spielräume erschlossen.
Weil wir anfänglich in der Kaserne nur 23 Spieltage bekamen, habe ich begonnen, im kleinen Salon der Wettstein-Villa zu spielen, wo wir unser Büro hatten. Das wurde eine gute Keimzelle, wo sich vieles entwickeln konnte.
Ich erinnere mich an die wundersame ‹Leonce und Lena›-Fassung für zwei Personen und ein Cello, die in ihrer Kraft und Poesie die gleichzeitige, steril verkunstete Inszenierung im Theater Basel weit hinter sich liess.
Ja, ich erinnere mich daran, wie die ziemlich schweren Jungs aus einem Schulheim diese Proben zu ‹Leonce und Lena› begleitet haben. Am Schluss standen sie in meinem Büro und wollten die Texte von Georg Büchner kopiert haben, weil sie die so schön fanden. Das werde ich nie vergessen.
Schliesslich schafften Sie es, für das *jtb* einen eigenen Spielraum auf dem Kasernenareal zu erkämpfen. Warum ist ein fester Ort für ein Theater so wichtig?
So blöd es klingen mag: weil Theater ein Heimatgefühl braucht. Es braucht einen Ort, wo man hingehen kann, der Schutz und Geborgenheit bietet, wo man seine Freunde trifft. Das ist unverzichtbar für die Entwicklung einer Kontinuität. Mir war extrem viel daran gelegen, dass wir so etwas kriegen. Mit dem ehemaligen Antiquitätenlager Baggenstos auf dem Kasernenareal hat es dann schliesslich geklappt.
Neben dem festen Spielort erwirkten Sie auch erstmals eine längerfristige feste Subvention für das *jtb*. Was war das Schwierigste und was das Schönste bei diesen Kämpfen?
Das kriegt man natürlich alles nie allein hin, weder den festen Ort noch die feste Subvention. Das Schönste war, dass sich Menschen fanden in Stadt und Land, die sich auf verschiedenen Ebenen dafür starkgemacht haben, zum Beispiel Susanne Imbach, Barbara Schneider, Niggi Ullrich oder Leonhard Burckhardt.
Welches ist für Sie der Hauptauftrag an ein subventioniertes junges Theater?
Junge Menschen mit Stoffen zu konfrontieren, die – jenseits von Schule und Elternhaus – an die Urthemen des Menschseins rühren. Das ist schlicht eine gesellschaftliche Notwendigkeit. Das kann nur die öffentliche Hand leisten und ist nicht allein mit Sponsoring zu erledigen. Das ganze Leben steht vor diesen jungen Menschen – und vielen kommt es

HAUPTAUFTRAG? – JUNGE MENSCHEN MIT STOFFEN ZU KONFRONTIEREN, DIE AN DIE URTHEMEN DES MENSCHSEINS RÜHREN.

ziemlich eng vor, und sie haben nicht selten das Gefühl, sie seien sowieso am falschen Platz. Theater kann neue Zugänge öffnen. Es ist die Aufgabe

Heidi Fischer beim Inszenierungsgespräch zu LIEB MI! von Lukas Holliger 2002 Regie: Sebastian Nübling

eines jungen Theaters, sein Publikum zu verführen, in andere Welten einzutauchen, junge Menschen zu ermutigen, sich zu zeigen, sich zu stellen in der Öffentlichkeit. Das braucht man heute ja überall im Leben. Wenn ich die Chance gehabt hätte, als junger Mensch Theater zu spielen, ich glaube, ich wäre ein anderer Mensch.
Die Bühne macht die jungen Menschen gross, manchmal fast übergross. Wie kann man das ‹Aufblasen› der jungen Spielerinnen und Spieler vermeiden? Fast jeder überlegt sich ja nach einer so starken Theatererfahrung: Soll ich jetzt Schauspieler werden? Ist das Jugendtheater ein Durchlauferhitzer für eine Profikarriere?
Ich habe immer allen gesagt: Bitte macht das nicht. Was, wie man weiss, meistens wenig nützt. Ich erlebe heute das Theater oft als sehr selbstbespiegelnd, und dagegen bin ich etwas allergisch. Aber es entspricht ja auch unserer heutigen Zeit. Da muss man mit pädagogischen Mitteln dagegenhalten.
Was fehlt Ihnen heute im Theater für junge Menschen?
Für mich könnte man wieder mehr Geschichten erzählen. Dazwischen kann's gerne auch abstrakt werden, kein Problem. Und auch eine Prise Literatur, bitte! Etwas vom Besten in den letzten Jahren am *jtb* fand ich ‹Tschick›, eine wunderbare, jugendnahe Geschichte, mit eigener, kräftiger Sprache und ganz toll umgesetzt.
Welche Entwicklungen und Veränderungen mit und durch Theater haben Sie bei den jungen Leuten in Ihrer Zeit beim *jtb* festgestellt?
Das Schönste ist, wenn sie das entfalten können, was sie mitbringen. Sie sind ja die Experten für ihre Zeit, die Einzigen, die kompetent darüber Auskunft geben können, was sie wirklich beschäftigt. Wenn dann jemand von ihnen danach die Schauspielschule gemacht hat, bin ich fast immer enttäuscht: Der Schmelz ist weg – das Gewonnene muss erst verarbeitet werden.
Was war für Sie persönlich die wichtigste Entwicklung in der Zeit beim *jtb*?
Meine grosse Entdeckung war das Publikum. Das ist eine unglaubliche Bereicherung. In zwanzig Jahren Erwachsenentheater (als Berufsmensch hinter den Kulissen) habe ich das Publikum gar nicht richtig erlebt. Dass das Publikum erobert werden muss, das wusste ich so vorher nicht. Wenn man es aber ernst nimmt, indem man es herausfordert,

WENN MAN DENKT BEIM THEATERMACHEN, DANN IST MAN GESELLSCHAFTLICH RELEVANT.

ihm etwas zumutet, ihm auf Augenhöhe begegnet, dann ist das ein unendlicher Schatz. Und ein junges Publikum ist ja wahrlich alles andere als pflegeleicht.
Muss junges Theater Kunst sein?
Wenn Theater gelingt, dann ist es Kunst! Es hat auch nur dann seine Wirkung. Wenn man Theater den Jugendlichen als pädagogische Übung serviert, sagen sie zu Recht: Geht's noch?
Muss junges Theater gesellschaftlich relevant sein?
Wenn man denkt beim Theatermachen, dann ist man gesellschaftlich relevant. Schon allein dadurch, dass Jugendliche für Jugendliche spielen, ergibt sich ein automatischer Bezug zum Hier und Jetzt.

DIE NÄCHTE DER SCHWESTERN BRONTË von Susanne Schneider 1997 Regie: Sebastian Nübling

Sie sprechen das Konzept des *jtb* an, seit vielen Jahren konsequent mit jugendlichen Laien zu arbeiten. Andere Jugendtheater setzen auf ausgebildete Schauspieler. Welches Modell leuchtet Ihnen mehr ein?
Ich kann nur für mich sprechen. Wenn erwachsene Schauspieler mit aufgedrehten Haaren Jugendliche spielen, dann find ich's nicht lustig, sondern einfach nur schlimm. Aber vielleicht geht es den jugendlichen Zuschauern nicht so, das weiss ich nicht.

Sie haben das semiprofessionelle Jugendtheater Basel in den Profibetrieb *junges theater basel* verwandelt. Ein Beispiel dafür sind auch die Kursangebote des *jtb* unter professioneller Leitung. Warum sind diese für das *jtb* so wichtig?
Erstens ist selber Spielen für Jugendliche etwas Wichtiges. Und zweitens sind die Kurse – die im Speziellen von Regula Schöni und Martin Zentner im *jtb* verankert wurden – eine gute Möglichkeit, junge, unverbrauchte Menschen zu entdecken, mit denen man weiterarbeiten möchte. Sebastian Nübling kann das besonders gut, er schafft es hervorragend, dass die Leute in der Probenarbeit aus sich herauskommen und wirklich über sich hinauswachsen.

Sie waren auch eine Spezialistin in der theatralen Beziehungsarbeit, in der Nestpflege, mit einer grossen Treue zu den Mitarbeitenden. Warum ist Beziehungsarbeit ein so zentrales Element fürs Theater?
Weil's schlichtweg unverzichtbar ist bei dieser Arbeit, in der man sich so nah ist wie kaum sonst irgendwo. Ich kenne keinen Bereich, in dem Beziehungen, mit all ihrem Auf und Ab, so wichtig sind wie im Theater.

Theater lebt ja generell von solchen geglückten dramaturgischen und menschlichen Verknüpfungen. Welche waren für Sie besonders glückvoll?
Wenn ich drei nennen darf: Paul Steinmann, weil er ein zuverlässiger, sehr genauer Handwerker ist, der extrem gut auf Stimmungen eingehen und massgeschneiderte Stücke liefern kann; Rafael Sanchez, weil er ein eigentlicher Theatervermittler ist, für die Crew und das Publikum, und mittlerweile aus jedem Ernst der Lage fast immer einen heiteren Ausweg zu finden vermag; und Sebastian Nübling, weil er ein unglaublich anregender und vielseitiger Mensch ist. Seine Inszenierung der ‹Schwestern Brontë› ist für mich immer noch etwas vom Schönsten, was er für das *jtb* gemacht hat. Das hatte alles: Tempo, Stille, Übermut, Verzweiflung, Poesie.

SWEET HAMLET von Daniel Wahl 1997 Regie: Sebastian Nübling

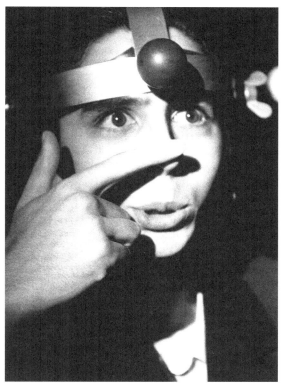

BEISPIELE GEGLÜCKTEN LEBENS 2
von Eberhard Petschinka, Rafael Sanchez
1995 Regie: Eberhard Petschinka

Gibt es Tabus für junges Theater?
Ja, Jugendlichkeit auszubeuten. Dass man der Versuchung widersteht, es mit dem Frische-Emblem genug sein zu lassen.
Sie haben sich während zehn Jahren mit viel Hingabe für das *jtb* eingesetzt. Welches waren für Sie die Höhepunkte?
Ich kann das so nicht beantworten. Ich war einfach vom fünften Tag an glücklich in dieser Arbeit. Täglich.
Sie überblicken mehr als vier Jahrzehnte junges Theater im deutschsprachigen Raum. Was hat sich da getan in dieser Zeit?
Von den durchaus wichtigen Anfängen mit den pädagogisch stark vorgeprägten emanzipativen Problemstücken à la GRIPS hat sich das junge Theater – für mich zum Glück – auch wieder emanzipiert, ist offener, spielerischer, poetischer, breiter, verrückter und bewegter geworden. Jetzt dürfte es für mich, ich wiederhole es gerne, auch wieder stärker ums Geschichtenerzählen gehen, über die ewigen Themen halt, wie Nähe, Ausbruch, Traum und Revolte, Liebe,

ICH WAR EINFACH VOM FÜNFTEN TAG AN GLÜCKLICH IN DIESER ARBEIT. TÄGLICH.

Geborgenheit, Verlust. Bitte einfach nicht immer die Tristesse, vor allem nicht diese verzappelte Tristesse. Für mich braucht es, natürlich ohne jede Beschönigung, immer auch mindestens einen Spalt breit Hoffnung.
Wenn Sie drei Regeln für junges Theater aufstellen könnten oder müssten?
Theater muss überzeugen – und dafür gibt es keine Direktiven oder Rezepte, nur immer neue Versuche. ■

Heidi Fischer hat in Wien Kunst studiert, als Kostüm- und Bühnenbildnerin an verschiedenen Theaterhäusern im deutschsprachigen Raum gewirkt und leitete während eines Jahrzehnts, von 1990 bis 2000, das *junge theater basel*.

KOMPLEXE BÜHNEN – FRAGILE PUBLIKA

Ulla Autenrieth

DIE MEDIENWISSENSCHAFTLERIN ULLA AUTENRIETH ZU JUGENDLICHER SELBSTDARSTELLUNG UND BEZIEHUNGSAUSHANDLUNG UNTER DEN BEDINGUNGEN VERNETZTER KOMMUNIKATION

■ Etwas auf einer Bühne präsentieren, sich vor Publikum zeigen – als Erstes denkt man hierbei an das Theater mit seinen Schauspielerinnen und Zuschauern, seinen Bühnen und Requisiten. Aber ebenso lässt sich das Handeln und Kommunizieren auf internetbasierten Plattformen wie Facebook & Co. aus dieser Perspektive betrachten. Die Profile und verschiedenen Kommunikationskanäle mit all ihren Möglichkeiten und Notwendigkeiten der Gestaltung sind hier die Bühnen, die bespielt werden wollen. Die Protagonisten sind dabei zugleich Darstellende und Publikum – je nach Perspektive. Wer etwas auf seinem Profil online postet, tritt vor ein Publikum und stellt sich dessen Urteil. Jenes hat wiederum die Möglichkeit, über verschiedene Kanäle Wohlwollen oder Missfallen zum Ausdruck zu bringen, letztlich Applaus zu spenden. Dabei werden die Rollen fortwährend gewechselt. Mal ist man Darstellerin, stellt ein neues Foto online und wartet auf die Gunst des Publikums, das mit Likes und Kommentaren sein Wohlwollen demonstriert. Mal ist man eher in der Rolle des Zuschauers, der gegebenenfalls mit einem Klick oder Kommentar sein Urteil fällt. Welche Plattformen genutzt werden, unterliegt ebenso einem steten Wandel. Facebook, als das marktdominierende Netzwerk, ist inzwischen fast jedem ein Begriff und wird entsprechend bereits zahlreich von der Eltern- und sogar der Grosselterngeneration bevölkert. Fast zwangsläufig hat es deshalb bei seinen jüngeren Usern deutlich an Beliebtheit verloren. Diese sind im digitalen Raum inzwischen auf andere Plattformen ausgewichen. Die vier wichtigsten Social-Media-Kanäle für Jugendliche und junge Erwachsene sind gegenwärtig WhatsApp, Instagram, Snapchat und Musical.ly. Dabei sind diese nicht als Konkurrenten zu verstehen, sondern erfüllen je spezifische Funktionen.

Zunächst zu nennen ist WhatsApp als Messenger-Applikation, auf der in multimodaler Weise (als Text, Video, Foto oder Audio-Nachricht) Botschaften direkt übermittelt werden können. Hier findet der alltägliche Austausch unter Freunden statt. Auf Instagram hingegen werden in Form von Fotos und Videoclips überwiegend die schönen Momente des eigenen Lebens geteilt – je nach Präferenz in einem öffentlichen Profil

WAHRE FREUNDE LIKEN, UND DAS MÖGLICHST SCHNELL. DIES ERFORDERT ZEIT UND DAMIT LETZTLICH STÄNDIGE ONLINE-PRÄSENZ.

oder im Rahmen eines geschlossenen Accounts, der akzeptierten Followern vorbehalten ist. Durch die vielfältigen Möglichkeiten der Bildbearbeitung lässt sich die kuratierte Auswahl in ihrer Wirkung steigern. So sammelt sich in den Profilen über die Zeit eine ästhetisierte Selektion schöner Erinnerungen zu einem Album als Zeugnis des eigenen Geschmacks. Dazu im Kontrast steht die Applikation Snapchat. Auf ihr werden vor allem Fotos mit einem Verfallsdatum von bis zu zehn Sekunden zwischen Freunden ausgetauscht, die sich nach Ablauf der vom Sendenden eingestellten Zeit der Sichtbarkeit von selbst löschen. Noch verhältnismässig neu ist die Plattform Musical.ly, über die kurze Playback-Videos zu Songs erstellt und mit anderen geteilt werden können.

Doch ebenso wie sich Schauspieler der Gunst und Ungunst ihres Publikums aussetzen, ist das Sich-Präsentieren auf den Bühnen des Social Webs nicht ohne Risiko. Die Spezifik des Mediums Internet muss in ihrer Komplexität zunächst begriffen werden. Einmal online gestellte Inhalte sind kopierbar, ohne dass die Urheberin dies bemerkt, und können auch nach einer Löschung an einem anderen Ort noch gespeichert und damit sichtbar sein. Texte und Bilder sind über das ganze Web leicht zu suchen und zu finden; sie können aus ihrem eigentlichen Zusammenhang gerissen werden, wodurch zeitliche wie räumliche Kontexte verschwimmen. Mit der zunehmenden Digitalisierung älterer Generationen wächst die Gefahr, dass Eltern und Grosseltern sich durch längst veraltete Profile scrollen und Schwierigkeiten haben, die dort gefundenen Inhalte mit ihrem eigenen Bild der Enkelkinder in Einklang zu bringen. Ein ähnlicher ‹clash of contexts› droht mit Lehrpersonen und anderen Autoritäten. Grundsätzlich existiert eine grosse Unsicherheit in Bezug auf das erreichte Publikum.

Auf beiden Bühnen, auf jenen des Theaters wie jenen der sozialen Medien, sind Darstellungen gegebenenfalls fiktionalisiert. Jedoch herrscht eine grosse Differenz in der Erwartungshaltung und Imagination des Publikums. Im Theater vollzieht sich meist eine klare Trennung von Schauspielerinnen und Zuschauern. Für beide Gruppierungen ist diese Abgrenzung klar ersichtlich, die spezifischen Rollen sind eindeutig zugewiesen, Wechsel sind nicht vorgesehen. Das Publikum erwartet keine dokumentarische Abbildung, sondern dezidiert eine Aufführung – und es bleibt für die Darstellenden sichtbar und unmittelbar in seinen Reaktionen. Damit existiert eine klare Definition der Situation. Auf den digitalen Bühnen hingegen verändert sich je nach Architektur der Plattform und der persönlichen Einstellungen der Möglichkeitsraum des Auditoriums und bleibt letztlich immer ungewiss. Je grösser die potenzielle Bühne ist, etwa bei einem öffentlichen Profil auf Instagram,

MELANCHOLIA 2016 Inszenierung: Sebastian Nübling, Ives Thuwis (Probe)

auf das jeder zugreifen kann, desto stärker werden Inhalte selektiert und ästhetisiert. Der Einzelne wird zum Darsteller seines Lebens, während für die Zuschauerinnen nur schwer nachvollziehbar ist, wie realitätsnah der scheinbar glamouröse Alltag ihrer Protagonisten tatsächlich ist. Dies geschieht aus gutem Grund, denn schliesslich möchten die Darstellenden möglichst viel Zuspruch, ohne sich dabei angreifbar zu machen. Entsprechend freizügiger wird mit Bildern und anderen Inhalten auf eher geschlossenen Plattformen umgegangen, und so werden über die ‹kleine Bühne› Snapchat mutiger Fotos ausgetauscht.

Doch bleibt selbst bei geschlossenen Profilen die Frage offen, wer tatsächlich die geposteten und versendeten Inhalte zu sehen bekommt. Die Anzahl an Freundinnen und Followern kann nur als Indiz verstanden werden. Wer weiss schon, welche Follower zum Zeitpunkt des Postings tatsächlich ihre Nachrichtenstreams betrachten oder in wessen Begleitung der eine Freund gerade Mitteilungen auf seinem Handy betrachtet? Gewissheit darüber, wer auf jeden Fall einen Post wahrgenommen hat, existiert erst, wenn eine Reaktion in Form eines Likes oder Kommentars erfolgt. Allerdings ist diese Sichtbarkeit des Publikums nicht weniger ambivalent, denn die Quantität an Rückmeldungen lässt für die Profilbesitzerin wie für Aussenstehende Rückschlüsse auf die Position des Einzelnen in der Peergroup zu. So ist die Freude über den Zuspruch durch Freunde und Followerinnen immer durch den Vergleich bedroht, wenn dieser offenbart, dass andere mehr Beifall für ihre Posts erhalten. Dies ist nicht zuletzt ein Grund für die wachsende Beliebtheit von Snapchat: Öffentliche Anschlusskommunikationen wie Likes und damit der konstante direkte Vergleich existieren hier nicht. Eine Ausdifferenzierung der Bühnen – das glossy Instagram-Profil für den Sonnenuntergang am Strand und Snapchat für die spontanen Selfies unter Freundinnen – ist eine Möglichkeit, die unterschiedlichen Publika und Inhalte auseinanderzuhalten. Als alternative Variante hat sich das Pflegen von zwei Profilen etabliert; eines, das öffentlich sichtbar ist, und eines, das nur für die engsten Freunde reserviert bleibt, das heisst die Aufteilung in eine repräsentative Vorder- und eine versteckte Hinterbühne. Nicht weniger relevant ist die Bedeutung von Peergroup-internen Normen und Regeln. So gilt unter den engsten Bezugspersonen das ungeschriebene Gesetz: Wahre Freunde liken, und das möglichst schnell. Dies erfordert Zeit und damit letztlich ständige Onlinepräsenz, um die erwartete Reaktion nicht schuldig zu bleiben und den Post des anderen ‹nackt› auf der medialen Bühne stehen zu lassen.

Bemerkenswert ist: Fragt man Jugendliche, so ist es nicht die Technik, die an Bedeutung gewinnt, sondern der Kontakt zu Freunden und Bekannten, der über die mobilen Geräte möglichst konstant aufrechterhalten werden soll. Liest man aktuelle Studien, so ergibt sich aus diesen ein ähnliches Bild: Freundinnen und Familie stehen hoch im Kurs, insbesondere der persönliche Kontakt – so wie zwischen Schauspielenden und ihrem Publikum – wird als es-

KAPSAR 2015 Theaterkurs, Leitung: Katarina Tereh

NOISE 2015 Regie: Sebastian Nübling

HASHTAG 2014 Theaterkurs, Leitung: Uwe Heinrich

senziell bezeichnet. Für dystopische Gedanken zum nahen gesellschaftlichen Zerfall bleibt also wenig Grund. Vielmehr kann von einer konstant hohen Bedeutung persönlicher Kontakte, egal ob online, digitalisiert oder in Kopräsenz, ausgegangen werden. Neu ist die verhältnismässig grosse Öffentlichkeit privater Kommunikation. Doch hier zeigt sich eine starke Ausdifferenzierung der Plattformen, der Möglichkeit eben, je nach Intention eine eher grosse oder kleinere Bühne für das eigene Anliegen zu wählen. Betrachtet man die medialen Entwicklungen der letzten Jahre, so offenbart sich, dass die vornehmlich jugendlichen Userinnen und User keineswegs gleichgültig agieren, jedoch eine Zeit der Anpassung und Adaption zur Entwicklung von Verhaltensstrategien und -normen benötigen. Denn insbesondere wenn die Technik nicht verlässlich ist, wie einzelne Datenleaks immer wieder demonstrieren, zählen die Peergroup-internen Normen und deren Einhaltung umso mehr.

Ob allein oder zu mehreren, ob unterwegs oder zu Hause, den Blick schräg nach unten gerichtet, vor sich ein kleines Gerät, auf dem die Finger flink hin und her fahren: Dieses Bild dominiert derzeit die öffentliche Wahrnehmung von Jugendlichen und jungen Erwachsenen. Insbesondere diese scheinen von den Möglichkeiten ihres Smartphones fasziniert, manche würden sagen: sediert. Vonseiten der älteren Generationen (gleichgültig ob Eltern, Lehrer, Politikerinnen oder Kulturschaffende) ist der Blick auf die überwiegend online-basierte Kommunikationspraxis von Jugendlichen zumeist negativ geprägt. Dies liegt zum einen an der Dauer der medialen Aktivitäten: Über vier Stunden sind Jugendliche im Durchschnitt pro Tag online, gefühlt jedoch noch deutlich mehr. Aus Perspektive der Kritiker ist dies vergeudete Lebenszeit. Zum anderen scheint dieser negative Blick auch am Unwissen über diese Plattformen und die dort ausgetauschten Inhalten mit ihren je eigenen Rationalitäten zu liegen. Wertfrei bleibt festzustellen: Wir kommunizieren vernetzter, öffentlicher, mobiler, zugänglicher und immer visueller. Dies bringt neue Zwänge und Ambivalenzen mit sich. Sich zu präsentieren und präsent sein zu müssen, bleibt nicht folgenlos. Was wir beobachten können, ist eine Theatralisierung des Alltags mit seinen sozialen Beziehungen unter den Bedingungen einer Ökonomie der Aufmerksamkeit. ∎

WIR BEOBACHTEN EINE THEATRALISIERUNG DES ALLTAGS UNTER DEN BEDINGUNGEN EINER ÖKONOMIE DER AUFMERKSAMKEIT.

Dr. Ulla Autenrieth ist Medienwissenschaftlerin an der Universität Basel mit den Forschungsschwerpunkten visuelle Kommunikation, Medienkompetenz, Medienwandel und Mediatisierungsprozesse.

«ES BRAUCHT EIN SOLCHES LABOR, WO MAN ERFAHRUNGEN MACHEN KANN, DIE IN DIE GESELLSCHAFT ZURÜCKFLIESSEN»

EIN GESPRÄCH MIT DEM FILMEMACHER **MICHAEL KOCH**, DER ALS SPIELER BEIM JUNGEN THEATER BASEL BEGANN, ÜBER FRÜHE WAGNISSE UND FALLEN, SEINEN KÜNSTLERISCHEN WEG UND DIE UNTERSCHIEDE ZWISCHEN THEATER UND FILM

■ **Michael Koch, warum kamen Sie damals mit sechzehn Jahren zum Theaterspielen ins *junge theater basel*?**
Zwei Mädchen aus meiner Klasse haben mich ins *jtb* geschleppt. Erst war ich mir unsicher, dann die Entdeckung: Hier ist ein Ort, an dem es darum geht, eigene Grenzen zu überwinden, im Spiel Dinge auszutesten, die man sich sonst in der ‹normalen Welt› nicht traut. Ich fand einen Raum, in dem alles möglich war, in dem es keine Verbote gab, das war die Faszination. Manchmal hatte das auch den Charakter einer Überforderung, es brauchte Überwindung. Ich weiss noch, wie ich am Montag jeweils überlegt habe, ob ich hingehe oder nicht. Wenn ich es aber getan habe, fühlte sich das schon sehr gut an.

Das klingt nach einer abenteuerlichen Parallelwelt?
Ja, eine Parallelwelt im besten Sinne. Man ging eine Komplizenschaft ein mit denen, die das auch wagten. Und das schuf Vertrauen – obwohl oder vielleicht gerade, weil wir eine ziemlich bunte, wild zusammengewürfelte Truppe waren. Die Gleichschaltung ablegen, entdecken, dass es ein Potenzial ist, wenn man anders tickt. Das war eine wichtige Erfahrung: zu merken, mein Körper, mein Alter, meine Sprache, das ist die Karte, die ich spielen muss.

Andere Jugendliche toben sich in diesem Alter auch in der Musik aus.
Ich habe damals auch Musik gemacht, aber das *jtb* war für mich doch vielseitiger und unmittelbarer. Das Selbstvertrauen, das ich dort getankt habe, hatte eine befreiende Wirkung. Meine Angepasstheit war relativ gross. Das *junge theater basel* hat mich bestärkt, auch Unangepasstes zu leben.

Inwiefern?
Ich habe gelernt, eigene Ängste zu überwinden, Blösse zu zeigen. Sebastian Nübling, unser Regisseur, ging ganz unverfroren auf uns zu: Zeigt etwas! Ihr müsst etwas wagen! Das hatte nichts Pädagogisches an sich, er war selber auf der Suche. Ich dachte, endlich einer, der auf Augenhöhe fordert, Impulse gibt, sich selber zeigt. Dabei war seine Nervosität vor und während der Aufführungen genauso wichtig wie gelegentliche Wutausbrüche auf den Proben. Ich habe gespürt, der will etwas von uns, dem geht es um etwas.

Das *junge theater basel* pflegt einen sehr physischen Zugriff. Wie hat sich Ihr Körperverständnis in dieser Zeit entwickelt?
Mir wurde bewusst, ich kann mit meiner Körperlichkeit etwas erreichen, und es gab diese Anziehung auf Menschen beiderlei Geschlechts. Auf der Probe haben wir sehr viel über Bewegung und mit unseren Körpern gearbeitet. Das faszinierte und beeinflusst mich in meiner Arbeit bis heute. Sprache ist ja immer auch Selbstinszenierung. Am Körperlichen ist vieles unverstellter ablesbar.

Hat sich das auch auf Ihren Umgang mit anderen Menschen ausgewirkt?
Ich bin wohl nicht mehr so vorsichtig. Ich habe den Laborcharakter, den ich im *jtb* erlebt habe, nach aussen erweitert, auch in Beziehungen. Ich habe gelernt, dass man diese Dinge nicht nur im Kopf beantworten kann, sondern es wirklich ausprobieren muss.

Wie wichtig war die Gruppe in diesem Sozialisationsprozess?
Das war die Basis. Ohne diese Gruppe hätte das für mich alles keinen Sinn gehabt. Jeder kam mit seinem ganz eigenen Rucksack, packte aus, legte die Dinge auf den Tisch, und damit wurde dann gearbeitet und gespielt. Gestaltetes Spiel als Selbstzweck, im besten Sinne. Das habe ich später als Schauspieler in dieser Form nicht mehr erlebt. Individuelle Selbstoptimierung ohne eine solche Basis befremdet mich. Meine Erfahrung im Business [als männliche Hauptrolle in der Schweizer Filmkomödie ‹Achtung, fertig, Charlie!›] war dann auch so was von gegenteilig zu dem, was ich am *jtb* erlebt habe, dass ich wusste: Nie wieder!

DIE SCHAUKEL von Edna Mazya 2000 Regie: Sebastian Nübling (rechts: Michael Koch)

Inwiefern hat die Arbeit am *jtb* Ihren eigenen künstlerischen Weg mitgeprägt?
Ich weiss, ich muss von meinen ganz persönlichen Interessen ausgehen. Da muss eine Faszination sein für einen Menschen und dessen Geschichte, die mich fesselt, berührt und nicht mehr loslässt. Sonst könnte ich nicht sechs Jahre an etwas dranbleiben wie jetzt bei ‹Marija›, meinem Spielfilmerstling. Das sind aber keine Entscheidungen, die am Schreibtisch passieren. Ich muss aktiv werden, treffe Leute, tauche in ihr Universum ein, in andere Milieus, recherchiere in alle Richtungen und finde dann plötzlich im Fremden mich selber. Dann weiss ich, ich hab's.

Was ist Ihnen heute in Ihrer eigenen Arbeit mit Schauspielern wichtig?
Ich kann mit einem Schauspieler nur arbeiten, wenn er mich auch als Mensch interessiert. Ich will, dass er sein Potenzial, seine Persönlichkeit in die Arbeit einbringt. Dafür muss ich ihm natürlich auch Freiheiten und Ambivalenzen zugestehen. Ich will, dass er mich beim Zuschauen überraschen und verführen kann. Sicherlich auch ein Aspekt, der auf die Zusammenarbeit mit Sebastian Nübling zurückzuführen ist.

Wie sieht das konkret beim Filmen aus? Wie locken Sie das Besondere aus den Spielerinnen heraus?
Ich bemühe mich, keine oberflächlichen, rein technischen Impulse zu geben im Stil von: Geh mal zwei Schritte nach rechts! Halte den Kopf etwas schräg! Besser funktionieren konkrete Aufgaben, die dann etwas mit der inneren Haltung der Figur zu tun haben. Wir drehten beispielsweise ‹Marija› im Winter, und später auf einem Festival bei einer Publikumsdiskussion sagte Margarita Breit-

DIE GLEICHSCHALTUNG ABLEGEN, ENTDECKEN, DASS ES EIN POTENZIAL IST, WENN MAN ANDERS TICKT.

kreiz, die Hauptdarstellerin, auf eine entsprechende Frage, ich hätte ihr mal gesagt: «Du darfst nicht frieren!» Toll ist es auch, körperliche Erschöpfung herzustellen. Da werden die Spieler plötzlich sehr authentisch und porös. Unsicherheit kann ebenfalls wertvoll sein, das Aufgesetzte verliert sich, die Aufmerksamkeit steigt. Beim Dreh von ‹Marija› wollten zum Beispiel einzelne Akteure nach jedem Take wissen, ob sie jetzt gut waren. Diese Zusicherung habe ich konsequent verweigert, damit sie es sich in ihrem Spiel nicht bequem machen. Das funktioniert natürlich nur dann, wenn vorher im persönlichen Einzelkontakt ein Grundvertrauen hergestellt wurde und eine Komplizenschaft zwischen mir und den Spielern besteht.

Wie schafft man Vertrauen?
Indem ich in der persönlichen Begegnung mindestens genauso viel von mir zeige, wie ich vom Gegenüber einfordere. Ich muss nicht auf alles eine Antwort haben, die findet man dann gemeinsam. Meine Erfahrung ist, wenn ich mit allzu klaren und fertigen Absichten in ein Gespräch gehe, kommt selten etwas wirklich Interessantes dabei heraus.

Wie viel Zeit hatten Sie überhaupt zum Proben bei ‹Marija›?
Zwei Wochen, und die musste ich mir hart erkämpfen. Wir haben ‹Marija› in 29 Tagen gedreht. Das ist für einen Debutfilm eher üppig und zeigt zugleich das grosse Dilemma beim Film: Aufgrund des Zeit- bzw. Kostendrucks ist es oft nicht möglich, auf Dinge einzugehen, die vor Ort entstehen. Alles muss minutiös geplant und vorbereitet sein, damit man es in der zur Verfügung stehenden Zeit auch hinkriegt.

Würden Sie gerne theaterähnlicher filmen, mit mehr Probenvorlauf?
Ja. Ich würde gerne dem Prozess der gemeinsamen Suche mehr Raum geben. Das werde ich beim nächsten Film auch tun. Die klassische Form des Filmedrehens aufbrechen, um Ideen und Inputs aufnehmen zu können, die man am Schreibtisch eben noch nicht hatte.

Was geht umgekehrt beim Filmen besser?
Die Möglichkeit der Verführung ist grösser. Ich kann besser lenken, fokussieren, kann unbemerkt manipulieren und mit einem Realismus auftrumpfen, dem man sich als Zu-

schauer nur schwer entziehen kann. Im Theater ist das Authentische mehr eine Übersetzung. Es geht explizit um die Gestaltung eines Stoffes, eines Textes. Für mich sind es zwei verschiedene Paar Schuhe. Auch das Symbolische wird im Theater viel eher akzeptiert: Diese zwei Stühle sind jetzt ein ganzes Klassenzimmer! Lars von Trier macht das zwar auch in ‹Dogville› und erzeugt damit eine hohe Künstlichkeit. Er ist damit aber eine Ausnahme.

‹Marija› strotzt hingegen förmlich vor radikalem Realismus.
Der Realismus war von Anfang an das, was mich beim Film faszinierte. Filme aus der Zeit des italienischen Neorealismo oder der dänischen Dogma-Bewegung haben mich in meiner filmischen Sozialisation stark geprägt. Die Suche nach dem Wahrhaftigen fasziniert mich bis heute. Ich glaube aber mittlerweile, dass Realismus nicht der einzige Weg ist, um Wahrhaftigkeit herstellen zu können. Im Gegenteil, strenger Realismus kann auch Korsett sein, einengen.

Wie entsteht denn überhaupt Authentizität in der darstellenden Kunst?
Im *jtb* sehe ich es so: Gerade weil die jugendliche Persönlichkeit noch nicht so geformt ist, dass sie weiss, wie man es machen muss, sickert ein Grad an Authentizität durch, der einzigartig ist. Ich sehe einem jungen Menschen zu, im Kampf mit sich selber. Die professionelle Regie findet dann die passende Form, die es für die Vermittlung braucht.

Und im Film?
Die Herstellung von Authentizität im Film ist oft ein mühseliger Prozess, weil es ja nachher nach nichts aussehen soll. Ich glaube, sie entscheidet sich an Kleinigkeiten. Zum Beispiel kann jeder Spieler einen Lichtschalter drücken, sich eine Jacke überwerfen und die Tür verlassen. Damit aber glaubhaft erzählt wird, dass es die eigene Wohnung ist, welche die Figur jetzt verlässt, muss alles nach Routine aussehen, abgeschliffen sein und wie von allein geschehen. Die Spielerin darf nicht mehr an die einzelnen Schritte denken, sondern muss den Bewegungsablauf voll automatisiert haben. Andererseits kann Authentizität natürlich auch spontan entstehen,

DAS JTB DARF NICHT ALS SPRUNGBRETT FÜR DIE SCHAUSPIELSCHULE ODER GAR EINE SCHAUSPIELKARRIERE MISSVERSTANDEN WERDEN.

wenn die Rahmenbedingungen entsprechend geschaffen sind. Ich habe bei ‹Marija› beispielsweise darauf geachtet, dass in wichtigen Szenen professionelle Schauspieler auf Laien treffen. So wurden die Akteure gezwungen, auf das Gegenüber zu reagieren. Ein Gegenüber, das oft unberechenbar blieb.

FIEBER 2016 Theaterkurs, Leitung: Katarina Tereh

UNERMESSLICH 2015 Theaterkurs, Leitung: Christian Müller

Nochmals zum jungen Theater generell: Was darf es nicht sein? Wo stecken die Fallen?
Das *jtb* darf nicht als Sprungbrett für die Schauspielschule oder gar eine Schauspielkarriere missverstanden werden. Wenn ich dem *jtb* etwas vorwerfe, dann dies, dass es davor zu wenig warnt. Die Verheissung, die vor Ort geschaffen wird, ist natürlich rie-

DAS ROHE UND UNGESCHLIFFENE GESTALTEN, DAS SELBSTSTÄNDIGE DENKEN UND DIE EIGENE HALTUNG ARTIKULIEREN, DAS MUSS DAS GROSSE INTERESSE EINER GESELLSCHAFT SEIN.

sig: Du bist jetzt Schauspieler! Ich plädiere dafür, jeden *jtb*-Abgänger, der sich auf der Schauspielschule bewerben will, zu fragen, ob er das, was er am *jtb* erlebt hat, weiterführen will. Wenn er die Frage positiv beantwortet, würde ich ihm dringend von einer Schauspielkarriere abraten. Dass muss man den Leuten einfach ganz klar sagen: Was am *jtb* passiert, hat nur sehr bedingt mit dem zu tun, was später in der Ausbildung und im Theateralltag geschieht.

Ist junges Theater für eine Gesellschaft überhaupt wichtig?
Für mich war es existenziell. Ich meine das nicht nostalgisch, sondern weil es so viele Elemente anregt, die bis heute wirksam sind. Es braucht ein solches Labor, wo man diese Erfahrungen machen kann, die dann in die Gesellschaft zurückfliessen. Ein Ort, an dem ein Stück Jugendkultur immer wieder zur Diskussion gestellt wird. Wo sonst in Basel bekommt man diesen Ausschnitt präsentiert? Das Rohe und Ungeschliffene gestalten, das selbstständige Denken und die eigene Haltung artikulieren, das muss das grosse Interesse einer Gesellschaft sein.

Wenn Sie drei Regeln für junges Theater formulieren dürften oder müssten?
1. Gestaltetes Spielen als Selbstzweck im besten Sinn; 2. Gewissheiten infrage stellen, jugendliche Klischees empirisch untersuchen und zersetzen; 3. dadurch Komplexität herstellen – was ja oft das Gegenteil von dem ist, was man pädagogisch für wertvoll hält. ■

Michael Koch war unter anderem in der Erfolgsproduktion ‹Die Schaukel› des *jtb* als Spieler dabei, hat die Kunsthochschule für Medien in Köln absolviert, mehrere Kurzfilme gedreht und Theaterstücke inszeniert. Sein Spielfilmerstling ‹Marija› erlebte 2016 im Wettbewerb des Filmfestivals Locarno seine Weltpremiere und war anschliessend an diversen Filmfestivals und im Kino zu sehen. Er lebt und arbeitet in Basel und Berlin.

Ein Auftritt mit der ‹Schaukel› in Köln. Ausverkauft. Ich spiele Dvori, ein junges Mädchen wie ich, ebenso taff wie unsicher und zerbrechlich. Dann kommt dieser Moment im Stück, wo Dvori zwei oder drei Dosen Bier ex trinkt. Sie will den vier Jungs, mit denen sie rumhängt, imponieren. Während Dvori breitbeinig, die Bierdose in der Hand, zum Exen ansetzt, klingelt im Zuschauerraum ein Handy. Es klingelt mehrmals und wird nicht abgestellt. Dvori setzt die Bierdose ab und blickt direkt ins Publikum. Und ich, Sarah, halte inne und zeige meinen Stinkefinger. – Bis zu diesem Moment hatte ich noch nie jemandem den Stinkefinger gezeigt. – Danke Dvori, danke *jtb*.
Sarah Spale Bühlmann, Spielerin

Keiner der Zuschauer freiwillig da. Vor jeder Vorstellung unsicher, ob nicht mal einer auf mein Gebrüll zurückspuckt. Jede Vorstellung trotzdem ein Erfolg. ‹Der 12. Mann ist eine Frau›. Ein Stück mit vielen Störfaktoren und wenig verlässlichen Konstanten. Kommunikation auf höchstem Niveau. Mit Aufmerksamkeit, Spiellust und Energie kamen wir. Bekommen habe ich: Spass, geschärfte Sinne, Gelassenheit und Zuversicht, dass es gut gehen wird. Danke.
Anna Mücke, Spielerin

Im *jungen theater basel* bin ich gross geworden – wortwörtlich: Mein erstes Kursjahr begann ich als Dreizehnjähriger, kleiner als alle Mädchen. Zehn Monate später bei den Vorstellungen überragte ich alle. So sagt es mir jedenfalls die Erinnerung. Und diese spielt ja hin und wieder auch ein wenig Theater.
Nico Grüninger, Spieler

Mit der Pubertät (schlimmes Wort) lernt man auch das elende Schamgefühl kennen, dem man wohl sein Leben lang immer wieder begegnen wird. Im *jtb* habe ich gelernt, wenigstens ab und zu darauf zu scheissen.
Judith Cuénod, Spielerin

Wir haben eigentlich im *jungen theater* gelebt. Es war Arbeit, Freundschaft, Disco, Hochleistungssport, Liebe, Kochclub und das erste Ensuitespielen. Wir waren immer da. Ich dachte, so ist Theater. Danach habe ich gelernt, dass es meistens nicht so ist. Geblieben ist der Wunsch, dass es das sein könnte.
Anne Haug, Spielerin

Es ist mir eine grosse Ehre, Teil des *jungen theaters basel* zu sein, weil es in seiner Arbeit die Intelligenz und das Mitgefühl von jungen Menschen hochhält und Theater als Ort für ernsthafte imaginäre Auseinandersetzungen versteht. Dass diese Arbeit nun schon vierzig Jahre lang andauert, macht mich sehr zuversichtlich. Ich bin stolz darauf, Euch ganz herzlich zum Geburtstag gratulieren zu können.
Simon Stephens, Autor

Das *junge theater basel* war und ist für mich wichtig, weil ich hier mit die besten, berührendsten, leidenschaftlichsten, professionellsten und spannendsten Theaterinszenierungen gesehen habe – und nach wie vor sehe. Hier habe ich erlebt, dass die vermeintlich altmodische Form Theater für Jugendliche auch heute noch absolute Relevanz hat und ein adäquates Medium darstellt, mit dem sie ihre Lebens- und Erfahrungswelten ins Aussen bringen können – und wollen.
Brigitta Soraperra, Regisseurin

Sobald ich die Schwelle des Baggenstos überschritt, betrat ich einen geschützten Zwischenraum inmitten der Basler Subkultur. Hier konnte ich mich neu imaginieren, kennenlernen und ausprobieren. Das Foyer verwandelte sich zum Geheimtreff, in dem ich prägende, produktive und kreative Gespräche zusammen mit anderen Mitsuchenden, die sich über diese Schwelle wagten, erleben konnte. Hier formten wir eine Art Räuberbande, in der wir im jugendlichen Grössenwahn weitere Schwellen rund um das Theater und die Nacht auszuloten suchten.
Enre Holeczy, Spieler

Das *junge theater basel* ist für mich eine Langzeitliebesbeziehung. Nirgendwo sonst werde ich als Theatermacher so verwöhnt. Mit einzigartigen Arbeitsbedingungen, mit einem nie aufhörenden Herausfordern, mit herrlichem Essen, mit Loyalität, mit Liebe … Wenn diese Beziehung mal enden wird, werde ich sehr traurig sein, aber auch glücklich, weil ich sie habe erleben dürfen. Was das *junge theater basel* alles für grossartige Sachen macht, kann man in zahlreichen Artikeln lesen. Was das Herz dieses wunderbaren Theaters ausmacht, kann man nur erfühlen. Ich bleibe auf jeden Fall noch eine lange, lange Zeit lang verliebt …
Ives Thuwis, Choreograf

Ich bin ein Kind dieses Hauses. Ich kann es nicht leugnen. Es ist nicht wegtherapierbar. Diese grässlichen Tischmanieren sind nicht mehr abzugewöhnen. Ich werde für immer glücklich verdorben sein.
Ariane Koch, Spielerin

2007–1998

2000	**DIE SCHAUKEL**
2007	**S'CHUNNT SCHO GUET**
2007	**NEXT LEVEL PARZIVAL**
2005	**FUCKING ÅMÅL**
1998	**DISCO PIGS**
2001	**WARUM TRÄGT JOHN LENNON EINEN ROCK?**
2004	**CREEPS**
2002	**LIEB MI!**
2001	**GLETSCHER SURFEN**
2003	**ODYSSEE 2003**
1999	**SWEET HAMLET**
2002	**HELD DER WESTLICHEN WELT**
2006	**LEONCE UND LENA**

DIE SCHAUKEL von Edna Mazya 2006 Regie: Sebastian Nübling

SCHO GUET von Mats Wahl 2007 Inszenierung: Tabea Martin, Matthias Mooij

NEXT LEVEL PARZIVAL von Tim Staffel 2007 Regie: Sebastian Nübling

FUCKING ÅMÅL von Lukas Moodysson 2005 Regie: Sebastian Nübling

88/89

DISCO PIGS von Enda Walsh 1998 Regie: Sebastian Nübling

WARUM TRÄGT JOHN LENNON EINEN ROCK? von Claire Dowie 2001 Regie Rafael Sanchez

CREEPS von Lutz Hübner 2004 Regie: Rafael Sanchez

LIEB MI! von Lukas Holliger 2002 Regie: Sebastian Nübling

GLETSCHER SURFEN von Stephen Greenhorn 2001 Regie: Sebastian Nübling

ODYSSEE 2003   2003 Regie: Rafael Sanchez

SWEET HAMLET von Daniel Wahl 1999 Regie: Sebastian Nübling

HELD DER WESTLICHEN WELT von John M. Synge 2002 Regie: Sebastian Nübling

LEONCE UND LENA nach Georg Büchner 2006 Regie: Rafael Sanchez

106 THEATER UND ADOLESZENZ
EIN GESPRÄCH MIT BRIGITTE LATZKO UND INGRID HESSE

109 «DU GEHÖRST HIERHER, DU GEHÖRST DAZU»
ANNE WIZOREK

114 «MAN MUSS DEN JUNGEN MENSCHEN ETWAS ZUTRAUEN, SONST KOMMT NICHTS RAUS»
EIN GESPRÄCH MIT SUNA GÜRLER

THEATER UND ADOLESZENZ

EIN GESPRÄCH MIT DEN PSYCHOLOGINNEN
BRIGITTE LATZKO UND INGRID HESSE
ÜBER MÖGLICHKEITEN DES THEATERS ALS
KONTEXT DER PERSÖNLICHKEITSENTWICKLUNG

■ **Warum ist die Adoleszenz ein so wichtiger Lebensabschnitt für die Entwicklung eines Menschen?**
Weil das Jugendalter die Zeitspanne ist, in der sich die radikalsten Veränderungen in den Kognitionen, Emotionen und im Verhalten der Jugendlichen vollziehen – und vollziehen müssen –, damit sie zunehmend selbstständig, selbstbestimmt und aktiv am gesellschaftlichen Leben teilnehmen können.
Welche Aspekte dieser Entwicklung sind dabei von besonderer Bedeutung?
Vor dem Hintergrund des entwicklungspsychologischen Wissens sind dies vor allem die Identitätsarbeit, die Moral- und Werteentwicklung und die Bearbeitung von notwendigen Entwicklungsaufgaben. Gerade das Ringen um Identität kann als *die* zentrale Entwicklungsaufgabe des Jugendalters gelten.
Was meinen Sie mit «Ringen um Identität»?
Für die Ausbildung einer *erarbeiteten* Identität ist es wichtig, ausgiebig explorieren zu können, das heisst mit verschiedenen Identitäten zu experimentieren, neue Identitäten zu erproben und alternative Identitäten zu suchen. Viele Psychologen betonen, dass Jugendliche, die sich um Identitätskonstruktionen bemühen, sich widersprechenden und unvereinbaren Zielen und Wertevorstellungen ausgesetzt sehen. Genau solche Widersprüche sind Motor der Persönlichkeitsentwicklung.
Wo lassen sich diese Widersprüche am produktivsten erleben und verarbeiten?
Diese unverzichtbaren Prozesse der Auseinandersetzung können sowohl im Alltag ganz konkret gelebt als auch über Literatur, Film oder Theater stellvertretend durchlebt werden. Jugendliche, die also vielfältige Möglichkeiten bekommen, sich zu erproben, Fehler zu begehen und Irrtümer aufzulösen, werden sich dann auch auf eine so erarbeitete Identität festlegen können, das heisst, sie zeigen ein hohes Mass an Verpflichtung. Andernfalls besteht die Gefahr, Identitäts- und Rollenmuster lediglich zu übernehmen oder in einem Moratorium zu verharren, das ein Verhalten auslöst, sich auf keine Alternative festlegen zu können und ständig neu auf Identitätssuche zu sein.
Wo und wie zeigt sich hierbei moralische Entwicklung konkret?
Grundsätzlich vollzieht sich moralische Entwicklung in der Veränderung von moralischem Denken, Fühlen und Handeln. Dass sich Jugendliche beispielsweise einer hohen Entwicklungsstufe moralischer Urteilsfähigkeit annähern, zeigt sich zu Beginn darin, dass gesellschaftliche Übereinkünfte infrage gestellt und zunächst zum Teil radikal abgelehnt werden. Erst moralisches Urteilen als ‹Denkwerkzeug› auf einer hohen Stufe ermöglicht es Jugendlichen – analog zum Prozess der erarbeiteten

DAS RINGEN UM IDENTITÄT KANN ALS DIE ZENTRALE ENTWICKLUNGSAUFGABE DES JUGENDALTERS GELTEN.

Identität –, Regeln und Normen nicht prinzipiell abzulehnen oder unhinterfragt zu übernehmen, sondern sich diese selbst zu erarbeiten und für sich als verbindlich anzuerkennen.
Sind alle Jugendlichen zu dieser Entwicklung fähig?
Moralische Entwicklung ist ein universeller Prozess und vollzieht sich bei allen Menschen. Ob jedoch alle Jugendlichen hohe Entwicklungsstufen moralischen Urteilens erreichen, hängt vor allem davon ab, ob es ihnen im Verlauf ihrer Entwicklung ermöglicht wurde, vielfältige kognitive und sozio-moralische Konflikte zu erleben und zu bearbeiten, und inwieweit sie dabei die Gelegenheit zur Rollen- und zur sozial-moralischen Perspektivübernahme hatten.

THE POINT OF NO RETURN – DO HILFT AU KEI BÜMPLI 2009 Theaterkurs, Leitung: Uwe Heinrich

Wir haben bisher von Jugendlichen als Einzelpersonen gesprochen. Welche Rolle spielt in diesem Prozess das Erleben in der Gruppe von Gleichaltrigen?
Eine zentrale Rolle über alle theoretischen Erklärungsansätze der Moralentwicklung hinweg kommt der Peergruppe beziehungsweise den Erfah-

DASS THEATER DIE ENTWICKLUNG VON JUGENDLICHEN BEFÖRDERN KANN, MUSS VOR DEM HINTERGRUND DER SKIZZIERTEN ENTWICKLUNGSPSYCHOLOGISCHEN ERKENNTNISSE EINDEUTIG MIT JA BEANTWORTET WERDEN.

rungsmöglichkeiten in Peergruppen zu. Gleichaltrige können auch dazu beitragen, kognitive Konflikte auszulösen, und vor allem gestaltet sich der Lösungsprozess dieser kognitiven Konflikte in Peergruppen deshalb so produktiv, weil Jugendliche eher bereit sind, von ihren Peers als von Erwachsenen zu lernen.
Das Zusammensein mit Gleichaltrigen bietet darüber hinaus auch die Möglichkeit, neue Formen von Beziehungen zu erproben, die neben der moralfördernden Funktion auch den Ablöseprozess vom Elternhaus und den damit einhergehenden Regelsystemen stützen.

Man erlebt immer wieder, wie wichtig Jugendlichen in diesem Alter das moralische Prinzip Gerechtigkeit ist. Womit kann man das erklären?
Die Gleichaltrigen gewährleisten in ihren Beziehungen Momente von Gleichheit und Souveränität. Gleichheit verlangt Toleranz und Akzeptanz von Unterschieden in der Gruppe, das Anrecht auf Durchsetzung eigener Anliegen und generell Gerechtigkeit. Ein stark handlungsleitendes Gefühl im Jugendalter ist beispielsweise die moralische Empörung, die durch die Erfahrung von Ungerechtigkeit aus-

gelöst wird und häufig in moralisches Handeln und Verhalten mündet, aber zum Teil auch zu radikalem Handeln führen kann.

Was verstehen Sie in diesem Kontext unter Souveränität?
Souveränität wird in den Beziehungen Gleichaltriger erfahren als Möglichkeit zur Selbstdarstellung, als Verwirklichung von persönlichen Zielen, die oft auch die Ziele der Gruppe sind, und als Überwindung von Widerständen anderer Gruppen, insbesondere der Familie. Die Peergruppe bewältigt das Kunststück, Unabhängigkeit und wechselseitige Abhängigkeit zu integrieren.

Alles, was Sie bisher gesagt haben, scheint darauf hinzuweisen, dass Theaterspielen und Theaterschauen besonders wirksam für die Förderung der Persönlichkeitsentwicklung sein können.
Dass Theater die Entwicklung von Jugendlichen befördern kann, muss vor dem Hintergrund der skizzierten entwicklungspsychologischen

HUMANUPGRADES 2008 Theaterkurs, Leitung: Uwe Heinrich

Erkenntnisse eindeutig mit Ja beantwortet werden.
Konkret: Inwiefern?
Das Besondere an Theater ist, dass es einen alternativen Zugriff auf Wirklichkeit anbietet und andere Blicke auf das Leben beziehungsweise die Realität gewährt, als das beispielsweise in einer verpflichtenden Schule durch Wissensvermittlung und -erwerb möglich ist. Gerade die moralische und Werteentwicklung bei Jugendlichen kann sich beim Theaterspielen und beim Zuschauen besonders produktiv vollziehen. So werden kognitive und moralische Widersprüche für das Publikum gespiegelt, ähnlich einer gesprächspsychologischen Strategie, damit der Zuschauer sie deutlicher erkennen und verstehen kann, sich freiwillig und aktiv mit ihnen auseinandersetzen oder sich positionieren kann.
Lässt sich das auch mit Blick auf die sozialen Kompetenzen sagen?
Die Interaktionserfahrungen mit Gleichaltrigen beim Theaterspielen tragen zum Aufbau wesentlicher sozialer Kompetenzen der Jugendlichen bei, wie zum Beispiel soziale Perspektivübernahme, kognitive und affektive Empathie, Emotionskontrolle, Konfliktfähigkeit und Ver-

JUNGES THEATER KANN EINE WELT VOLLER ALTERNATIVEN FÜR DEN EINZELNEN UND DIE GEMEINSCHAFT AUFZEIGEN.

antwortungsübernahme. Auch bei den Zuschauern können effektive Prozesse zum Aufbau sozialer Kompetenzen und erwünschter sozialer Verhaltensweisen über Beobachtungslernen ausgebildet werden. Denn jugendliche Theaterspieler können in diesem Prozess zu anerkannten Modellen für zuschauende Gleichaltrige werden.
Wie sehen Sie das bezüglich der emotionalen Kompetenzen?
Die besondere Ressource des jungen Theaters liegt vor allem in der natürlichen Erzeugung von Emotionen bei jugendlichen Darstellern und jugendlichen Zuschauerinnen, die für die Herausbildung moralischer Handlungsmotivationen essenziell sind. Im Gegensatz zur Schule impliziert Theater auch ein Lernen im Sinne einer sinnlichen Erkenntniserweiterung. Indem junges Theater Schauspielerinnen und Zuschauer gleichermassen aktivieren kann, setzt es Impulse, Gemeinsamkeiten zu verstärken, Trennendes zu überwinden, und kann so eine Welt voller Alternativen für den Einzelnen und für die Gemeinschaft aufzeigen. ∎

Dr. Brigitte Latzko ist Professorin für Psychologie in Schule und Unterricht an der Erziehungswissenschaftlichen Fakultät der Universität Leipzig.
Dr. phil. habil. Ingrid Hesse war vor ihrem Ruhestand Dozentin für Pädagogische Psychologie an der Erziehungswissenschaftlichen Fakultät der Universität Leipzig.

■ «You belong.»

Meine liebste Dragqueen Sasha Velour hat diese zwei Worte gerade am Ende ihrer wunderbaren Performance in grossen Buchstaben hinter sich auf einer Wand enthüllt und verlässt die Bühne unter tosendem Applaus.

«Du gehörst hierher, du gehörst dazu.»

Die Botschaft ist so kurz wie stark und trifft mich mitten in den weichsten Teil meiner Gefühlsgegend, von wo aus sie sich wohlig warm verbreitet. Ich muss darüber nachdenken, wie unendlich wichtig es ist, Räume wie diesen hier zu schaffen: Freiräume, in denen die Identität keiner Person infrage gestellt wird. In denen wir uns ausprobieren dürfen, ohne Druck, eine Rolle zu erfüllen oder Angst vor Gewalt haben zu müssen. Wo wir einfach sein dürfen.

Gerade Kunst und Theater können in meinen Augen diese Freiräume schaffen und – im wahrsten Sinne des Wortes – eine Bühne für die Geschlechterfreiheit geben, die wir uns ausserhalb der Wände des Theatersaals (noch) nicht vorstellen wollen oder umsetzen können. Weil wir von jenen Wänden umgeben sind, aus denen Geschlechterschubladen gemacht sind. In Pink und Hellblau prägen sie unsere Gesellschaft auch heute noch mit grosser Macht. Die meisten Menschen orientieren sich lieber an der Vergangenheit eines fiktiven Familie-Feuerstein-Geschlechterbildes, das lediglich die zwei Geschlechter Mann und Frau vorsieht und alle für heterosexuell erklärt – während die Realität schon längst in Regenbogenfarben schillert.

Mädchen tragen heute vielleicht Hosen, klettern auf Bäume, und selbst wenn sie Fussball spielen, werden sie mittlerweile nicht mehr ganz so schief angeguckt. Wenn Jungs aber mit Puppen spielen wollen, gerne viel Zeit ohne einen Mucks mit ihren Malstiften verbringen und auf pinkfarbene Klamotten stehen, werden sie mindestens als sonderlich wahrgenommen und oft sogar gehänselt. Das wurzelt darin, dass sie sich mit Dingen beschäftigen, die als ‹weiblich› verstanden und damit immer noch als minderwertig betrachtet werden.

«DU GEHÖRST HIERHER, DU GEHÖRST DAZU»

Anne Wizorek

DIE AUTORIN UND MEDIENBERATERIN **ANNE WIZOREK** GEHT KLISCHEES UND DISKRIMINIERUNGEN IN DEN GESCHLECHTSROLLENZUSCHREIBUNGEN NACH.

DEPRESSIONEN TRETEN BEI FRAUEN ZWEI- BIS DREIMAL HÄUFIGER ALS BEI MÄNNERN AUF. JEDOCH IST BEI IHNEN DIE SUIZIDRATE DREIMAL HÖHER.

Statt Kinder einfach für sich selbst entdecken zu lassen, wer sie sind, wofür ihr Herz schlägt und wofür nicht, pressen wir sie in Geschlechterschubladen und erziehen sie zu dem, was gesellschaftlich gewollt wird. Im Kindergarten gibt es dann die Jungs- und Mädchenspielecke, und wenn ein Junge ein Mädchen ärgert, wird ihr erklärt: «Der kann nur nicht anders zeigen, dass er dich mag.» Sein Verhalten wird entschuldigt, ihr Ärger wird beiseitegewischt und ihr gar eingeredet, dass sie sich geschmeichelt fühlen müsse. Die Schieflage unseres Geschlechterverhältnisses beginnt schmerzhaft früh, und bereits im Alter von fünf bis sieben Jahren verfestigen sich Geschlechterstereotype in unserem Denken und Handeln. Sie danach bewusst wieder zu verlernen, ist eine Lebensaufgabe.

Überall begegnet uns die Botschaft, dass Jungs und Männer stark, aktiv und aggressiv sein müssen, dass sie keinerlei Angst oder Unsicherheit haben dürfen. Sie müssen nicht zuhören können und sollen nicht einfühlsam gegenüber anderen sein. Sie gelten als Schwächlinge, wenn es ihnen nicht gut geht und sie das auch noch zeigen. ‹Boys don't cry. Except when they do.› Allein die weltweit in verschiedenen Ausprägungen stattfindenden Gewalttaten, die vor allem von Männern ausgehen, sind ein einziger ‹cry for help›. Wir begegnen ihm aber entweder gar nicht oder nur mit einer wilden, oft fehlgeleiteten Einzelsymptombekämpfung, statt an die Wurzel zu gehen.

Männern fehlen im wahrsten Sinne die Worte für ihre Gefühle, da sie ihnen bereits als Kindern aberzogen werden. Werden sie älter, führt dies dazu, dass sie oft unerkannt an Depressionen leiden. Dabei treten Depressionen bei Frauen zwei- bis dreimal häufiger auf als bei Männern. Bei Männern ist die Suizidrate jedoch dreimal höher. Männer sterben, da Hilfe für sie im Stereotyp des ‹starken Mannes› nicht vorgesehen ist: Das Eingeständnis von Hilflosigkeit und Hilfsbedürftigkeit käme einem Status- und Identitätsverlust gleich.

WIE BEI JEDER FORM STRUKTURELLER DISKRIMINIERUNG WIRD DEN BETROFFENEN AUCH NOCH EINGEREDET, SELBST SCHULD AN DEN UNGERECHTIGKEITEN ZU SEIN, DIE IHNEN WIDERFAHREN.

Im direkten Gegensatz stehen wiederum die geschlechterstereotypen Botschaften an Mädchen und Frauen. Weiblichkeit steht dafür, eher passiv zu bleiben und sich um andere zu sorgen. Dabei sollen Mädchen und Frauen stets gefallen wollen und lieber Kalorien zählen als ihre Erfolge. Sie dürfen Gefühle zeigen, dafür werden sie aber als irrational gelabelt und in ihren Bedürfnissen nicht ernst genommen. Es ist so bezeichnend, dass die Wut von Frauen in unserer Ge-

STRANGE DAYS, INDEED 2008 Choreografie: Ives Thuwis

ZUCKEN von Sasha Marianna Salzmann 2017 Regie: Sebastian Nübling

sellschaft oft als ‹pure Hysterie› abgetan wird, statt sie als Signal zu verstehen, dass sich etwas ändern muss.
«Warum bist du Feministin?», werde ich oft gefragt, meistens gefolgt von einem: «Wir sind doch schon viel weiter!» Erfolge gibt es natürlich viele, und sie müssen wertgeschätzt werden: So dürfen Frauen dank feministischer Kämpfe zum Beispiel wählen gehen, studieren, arbeiten und mehr über ihre eigenen Körper entscheiden. Zu lange gab es Zeiten, in denen das undenkbar schien bis verboten war, und ich bin unendlich dankbar dafür, dass diese Kämpfe gefochten wurden. Sie sind aber auch noch nicht abgeschlossen, wenn zum Beispiel häusliche Gewalt weiterhin als eines der weltweit grössten Gesundheitsrisiken für Frauen und Kinder gilt, für LSBTTIQ-Jugendliche das Selbstmordrisiko bis zu sieben Mal höher ist oder gerade alleinerziehende Mütter in einer Armutsfalle landen, die im Rentenalter umso brutaler zuschnappt.
«Wir sind doch schon viel weiter!» beruht eben nicht auf dem Wunsch, Meilensteine zu feiern, sondern soll uns ablenken und vorgaukeln, es gäbe nichts mehr zu erkämpfen. Es suggeriert: «Wir sitzen hier vorne und sind schon ganz sorgenfrei, während ihr da hinten schmollend in der Ecke kauert, in die ihr euch selbst manövriert habt.» Wie bei jeder Form struktureller Diskriminierung wird denjenigen, die davon betroffen sind, auch noch eingeredet, selbst schuld an den Ungerechtigkeiten zu sein, die ihnen widerfahren. Geschlechtergerechtigkeit ist aber kein Selbstläufer, sondern braucht die Unterstützung vieler, um noch mehr Menschenrechte Normalität werden zu lassen.
Die Frage, wem es in unserer Gesellschaft eigentlich gut gehen darf – und wem das erschwert wird bis verwehrt bleibt –, diese Frage ist nicht nur aufs Geschlecht bezogen und wird in feministischen Zusammenhängen als ‹Intersektionalität› benannt. Sexismus, Rassismus, Homofeindlichkeit, Klassismus, das Ausschliessen von Menschen mit Behinderung etc. sind immer auch miteinander verwoben. Die Frage nach einem guten Leben stellt sich also zum Beispiel, wenn jemand in einer Arbeiterfamilie gross wurde, daher keine Empfehlung fürs Gymnasium bekommt und somit keine Aussichten auf einen Studienplatz hat. Sie kommt zum Tragen, wenn jemand aufgrund des türkisch oder balkanisch klingenden Nachnamens keine Wohnung findet und erst nach der dreissigsten Bewerbung eine Einladung zum Jobgespräch kriegt. Wir stellen sie, wenn eine Frau ohne Kinderwunsch nicht befördert wird, weil sie ja schwanger werden könnte – während der Kinderwunsch

STROM von Jacob Aaron Estes 2014 Regie: Suna Gürler

Feminismus verleiht uns Mut, den Status quo zu hinterfragen und immer wieder eine bessere Welt einzufordern. Er wandelt Ohnmacht in Kraft zur Veränderung und lässt uns eine Gesellschaft imaginieren, in der niemand Angst vor Armut haben muss und sich um Angehörige genauso wie um die eigene Wahlfamilie kümmern kann. Eine Gesellschaft, in der unsere Menschlichkeit nicht darin bemessen wird, ob wir einen Job haben und wie ‹produktiv› wir sind. Wo wir selbst im Alter darauf vertrauen können, in unseren Bedürfnissen abgesichert zu sein und am Leben teilhaben zu können, statt aufs Abstellgleis geschoben zu werden. Wo überhaupt genug Zeit und Wertschätzung für die unendlich wichtigen Aufgaben da ist, bei denen sich Menschen um andere Menschen kümmern:

GERADE ALS MÄDCHEN WISSEN WIR BALD NICHT MEHR, WIE ES IST, NICHT ALS SEXUELLE OBJEKTE WAHRGENOMMEN ZU WERDEN.

Wir alle brauchen schliesslich im Laufe des Lebens aus unterschiedlichen Gründen immer wieder Unterstützung. Das sollte schlicht als Teil unserer Menschlichkeit verstanden werden, genauso wie das Recht auf ein erfülltes und unversehrtes Leben.

Feministinnen und Feministen geht es um eine Gesellschaft, in der alle Menschen ein gutes Leben führen können. Alle Menschen sollen Respekt erfahren und die Chance haben, sich zu entfalten. Unabhängig von ihrem Geschlecht, ihrer Sexualität, ihrer Herkunft, ihrer Ausbildung, ihrer Arbeit, ihrem Körper …

einer Frau, die Sozialhilfe bekommt, als empörend gilt … Unsere Kämpfe sind also nicht immer identisch, und das ist auch vollkommen in Ordnung so. Dies gilt es nur anzuerkennen und die Kämpfe umso solidarischer zu führen. Denn was uns eint, ist letztlich der Wunsch, erst gar nicht mehr kämpfen zu müssen.

Feminismus ist auch ein Selbstverteidigungskurs gegen eine rigide Schönheitsnorm, die uns absprechen will, uns selbst einfach lieb zu haben. Wir seien dagegen zu alt, zu fett, zu haarig, zu kraus, zu trans, zu verhüllt, zu freizügig, zu blass, zu braun … Die Sehnsucht nach Perfektion und nach unserer fehlenden Selbstliebe sollen wir dafür mit Produkten stillen, die unseren Körpern vermeintliche Fehler zuschreiben. «Ist der Ausschnitt zu tief? Klang meine Stimme zu schrill? Habe ich die Beine übereinandergeschlagen?» Immer wieder nagen Fragen wie diese in unseren Hinterköpfen und lassen darin zu wenig Platz für unsere Träume. Gerade als Mädchen wissen wir schon sehr bald nicht mehr, wie es ist, nicht als sexuelle Objekte wahrgenommen zu werden – als Brüste, Hintern, Lippen. Es ist Teil unserer Lebenserfahrung, dass unsere Körper uns nicht gehören, sondern immer auch zum Anschauen/Anfassen/Bevormunden durch Männer existieren.

Bis es so weit ist, müssen wir gerade unsere künstlerischen Freiräume schützen, in denen einengende Schubladen, wie Gender, aufgebrochen werden. Dabei geht es nicht nur darum, den Status quo zu kritisieren, sondern auch Funken gesellschaftlicher Veränderung zu versprühen und den Traum, unterdrückende Machtstrukturen endgültig zu zerschmettern, in greifbare Nähe zu rücken. Zelebrieren wir jene Art von Kunst, von der wir bisher vielleicht nur vage ahnten, dass sie uns fehlte. Die uns selbst uns in ihr erkennen lässt und sagt: «Du gehörst hierher, du gehörst dazu.» ■

Anne Wizorek lebt in Berlin und im Internet, sie ist die Initiatorin des Hashtags ‹Aufschrei›, unter dem im ganzen deutschsprachigen Raum eine Debatte zum Thema Alltagssexismus angestossen wurde.

NOISE 2015 Regie: Sebastian Nübling

FLEX 2015 Regie: Suna Gürler

«MAN MUSS DEN JUNGEN MENSCHEN ETWAS ZUTRAUEN, SONST KOMMT NICHTS RAUS»

EIN GESPRÄCH MIT DEM MULTITALENT **SUNA GÜRLER**, DIE AM JUNGEN THEATER BASEL SCHON FAST ALLES GEMACHT HAT, ÜBER IHREN PERSÖNLICHEN WEG, DIE WICHTIGKEIT DER GENDER-THEMATIK UND DIE FREUDEN DER STÜCKENTWICKLUNG

■ Suna Gürler, Sie sind wahrscheinlich eine der polyvalentesten Figuren des *jungen theaters basel*. In den letzten siebzehn Jahren waren Sie in den verschiedensten Funktionen an zwanzig Inszenierungen beteiligt: als Spielerin, Regieassistentin, Kursleiterin, Autorin und schliesslich auch als Regisseurin. Was ist für Sie das Besondere in jeder dieser Funktionen? Zu Ihrem Anfang: Was hat das *jtb* mit Ihnen als junge Spielerin gemacht?
Da kann ich jetzt mit Erzählen beginnen und bin in zwei Wochen immer noch dran! Ich war dreizehn im ersten Kurs und wahnsinnig schüchtern. Es hat mit mir wohl das Gleiche gemacht wie mit allen Jugendlichen, die diese Kurse besuchen: Ich lernte mich selber besser kennen, entwickelte über das Spielen ein Selbstbewusstsein, gerade auch dadurch, dass ich mich mit meinen Ängsten konfrontierte. Kurz, ich bin extrem aufgeblüht.
Und als Kursleiterin?
Das war sicher der grösste Schritt für mich, grösser als beim Assistieren oder beim Schreiben fürs Theater.

Ich bin da in relativ jungen Jahren in eine Vorbildfunktion für Jüngere hineingewachsen. Es war ein Seitenwechsel, der viel Verantwortung mit sich bringt. Zu sehen, was es mit den jungen Menschen macht, hat mir auf andere Weise nochmals gespiegelt, was es mit mir gemacht hat. Etwas vom Schönsten ist zu erleben, wie die Kursteilnehmenden mit der Zeit aus dem Schulmodus herauskommen, auch aus der Erwartungshaltung, hier einfach bespasst zu werden. Wie sie selber beginnen, Verantwortung für die gemeinsame Sache zu übernehmen.
Und das Schwierigste?
Wenn sich jemand sichtlich nicht wohlfühlt. Es gibt in jedem Kurs ein, zwei Jugendliche, die nicht so aufblühen, nicht ankommen in der Gruppe, und wo man befürchtet, dass sie vielleicht bald abspringen.
Wie hat sich der Schritt zum Regieführen angefühlt? Was ist in dieser Funktion für Sie zentral?
Das fühlte sich für mich sehr organisch an. Ich war durch die vorausgehenden Tätigkeiten gut vorbereitet, hatte in acht Stücken selber mitgespielt, mehrmals auch mitgeschrieben und assistiert. Meine erste Regie war mit ‹Untenrum› ein Klassenzimmerstück in einem vertrauten Rahmen wie bei ‹Der 12. Mann ist eine Frau›, wo ich die Rollen als Spielerin, Rechercheurin und Co-Autorin bereits kennengelernt hatte. Auch meine erste Bühnenproduktion im folgenden Jahr, die Romanadaption ‹Tschick›, war für mich eine fast schon logische Erweiterung in Richtung Storytelling. Sich als Regisseurin ein Theaterprojekt ausdenken und anleiten zu können, das ist schon das Grösste, da fliesst alles zusammen.
Sie arbeiten stark themenzentriert. Ihre Inszenierungen fürs *jtb* haben oft einen ausgeprägt feministischen Fokus auf der Gender-Thematik. Was vor allem fasziniert Sie daran?
Ja, es ist für mich das wichtigste Thema im Leben. Es scheint mir massgeblich dafür, wer du bist, was du wirst, was du dir zutraust. Ich fühlte mich in meiner Biografie wahnsinnig eingeschränkt dadurch, dass ich eine Frau bin. Das geht nicht allen so, aber

> **ETWAS VOM SCHÖNSTEN: WIE DIE KURSTEILNEHMENDEN MIT DER ZEIT AUS DEM SCHULMODUS HERAUSKOMMEN, AUCH AUS DER ERWARTUNGSHALTUNG, HIER EINFACH BESPASST ZU WERDEN.**

ich sehe sehr viele, denen es ähnlich geht. Ganz viel an meiner Schüchternheit kam auch aus dem Gefühl heraus, ich müsse als Frau etwas Spezielles erfüllen. Heimlich habe ich mir immer männliche Vorbilder genommen, habe auch Schlagzeug gespielt. ‹Fucking Åmål›, meine erste Profi-Produktion am *jtb*, war der Hammer für mich, aber ein bisschen auch ein Horror, weil ich kurze Röcke und hohe Schuhe anziehen musste und mich etwas unterfordert fühlte.

Wie erarbeiten Sie sich diese Themen fürs Theater?

Als Erstes bespreche ich mit Uwe Heinrich, dem Dramaturgen und Leiter des *jtb*, den groben Rahmen: Was soll Thema sein? Wie viele und wer konkret soll mitspielen? Soll's auf die Bühne kommen oder ins Klassenzimmer als Überrumpelungsstück? Dann lese ich alles zur Thematik, was ich in die Finger kriegen kann. Aber richtig mit der Arbeit beginnen kann ich erst, wenn ich weiss, wer spielt. Bei Stückentwicklungen sitzen wir mit den Spielerinnen etwa die ersten zehn Tage am Tisch, geben uns gegenseitig Inputs, erzählen uns unsere eigenen Geschichten, entwickeln daraus mögliche Figuren. Das hat manchmal einen langen Recherchen-Vorlauf: Bei ‹Untenrum› machten Uwe und ich ein Jahr lang Interviews, sortierten die wichtigen Themenfelder heraus und entwarfen daraus drei möglichst unterschiedliche Typen. Und dann schrieben wir diesen Figuren vor Probenbeginn einen Text auf den Leib und schickten auch die Spieler auf die Interview-Piste. Bei ‹Flex› hingegen entstand der Text durch die Gespräche mit den Akteuren in den ersten zwei Probewochen. Auf der Bühne waren schliesslich zwei Inputs von Laurie Penny eingearbeitet, der ganze Rest entstand aus dem Material der Spielerinnen, natürlich neu verteilt, verdichtet, konfliktfördernd montiert.

Wie kommen Sie in diesem Prozess auch zu einer Form, zu einer eigenen Ästhetik?

Das ist sehr unterschiedlich und hängt von den Setzungen ab, die man am Anfang vornimmt. Bei ‹Flex› arbeitete ich sehr stark über die Gruppendynamik, die Form äussert sich quasi in einem Rudelverhalten, in dem sich die Figuren im Verlauf des Probenprozesses auch gestalterisch individualisieren. Bei ‹Wohin du mich führst› starteten wir sehr offen und ohne Bühnenbild, das sich erst mit der Zeit entwickelte. Anders bei ‹Tschick›, wo die Autoreifen auf der Bühne von Anfang an eine extrem

STRANGE DAYS, INDEED 2008 Choreografie: Ives Thuwis (mit Suna Gürler)

> **GLEICHZEITIG SOLLEN SIE GANZ NAH BEI SICH BLEIBEN, VON SICH SELBER AUSGEHEN, AUS DER EIGENEN WELT SCHÖPFEN.**

starke Setzung waren, an der man sich das ganze Stück hindurch buchstäblich abarbeiten konnte. Durch hüpfen, schleudern, umschichten, sich verkriechen ... Generell entsteht bei mir auch bezüglich Gestaltung das meiste auf der Probe.

Viele sind immer wieder überrascht, was das *jtb* aus seinen jugendlichen Spielern alles herausholt. Wie macht man das?

Ich bin immer überrascht, dass die Leute so überrascht sind. Ich kenn's nicht anders. Talent gibt's überall, das lernt man ja nicht erst auf der Schauspielschule. Natürlich kommen in den Inszenierungen des *jtb* junge Menschen zum Zug, die Begabungen haben, aber genauso wichtig ist ein guter Bezug zum Thema. Klar, es gibt eine ganze Reihe von Voraussetzungen, damit Menschen ihr Talent entfalten können: Man muss sich wohlfühlen auf der Probe, man muss an die Leute glauben, man muss ihnen etwas zutrauen, sonst kommt auch nichts raus. Und gleichzeitig sollen sie ganz nah bei sich bleiben, von sich selber ausgehen, aus der eigenen Welt schöpfen.

Wenn erwachsene Profis mit jugendlichen Laien für ein junges Publikum inszenieren, ist man da tendenziell in Gefahr, ‹der Jugend› seinen eigenen Stempel aufzudrücken?

Wenn ich mit Profis für ein erwachsenes Publikum inszeniere, bin ich da in Gefahr, ‹den Erwachsenen› meinen Stempel aufzudrücken? Ich wundere mich oft über Fragen, in denen die professionellen Inszenierungen des *jtb* mit ‹der Jugend› gleichgesetzt werden. Wir sind einzelne Menschen, die mit einzelnen Menschen für andere Menschen Kunst machen. Und klar, ich als Regisseurin forme ein Stück – nach meinem eigenen Geschmack. Das ist ja mein Job. Aber natürlich setze ich mich mit meinen jeweiligen Spielerinnen und dem Zielpublikum auseinander. Egal ob Erwachsene oder Jugendliche. Ich will ja nichts Weltfremdes machen. Und natürlich, wir überprüfen bei jeder Produktion: Ist das überhaupt ein Thema für die jungen Menschen, die wir kennen? Wo stehen sie? Welches sind ihre Affinitäten und Widerstände dazu? Es gibt den Satz: «Lernen ist gezielte Überforderung.» Als erwachsener Mensch ist man den Jüngeren konzeptionell und bezüglich Ästhetik sicher einen Schritt voraus und gibt hier Dinge vor. Aber ganz wichtig ist: Wir als Regieteam stehen nicht über den Dingen. Wir wissen nicht schon alles – weder inhaltlich noch was das Theaterschaffen betrifft. Wir stecken genauso mitten im Leben und in der Auseinandersetzung mit den Themen und dem Theater. Und meistens hat man die Möglichkeit, das in die Inszenierung einfliessen zu lassen und sichtbar zu machen. ‹Flex› ist dafür ein gutes Beispiel: kein alles-wissendes Stück, sondern eine offene Auseinandersetzung.

Durch Ihre vielfältigen Funktionen, die Sie im *jtb* bisher ausgefüllt haben, kennen Sie das Haus quasi aus dem Effeff. Was braucht es, um einen solchen Laden zu leiten?

Da braucht es ganz viele verschiedene Komponenten, aber um die vier wichtigsten zu nennen: 1. eine feste Subvention, damit man nicht für jedes Projekt immer von Neuem Geld beschaffen muss; 2. ein eigenes Haus, das wirklich seine eigenen Prioritäten setzen kann und nicht ein Rädchen innerhalb eines Riesenbe-

TRANSFORMATION 2001 Theaterkurs, Leitung: Uwe Heinrich (2. v. l. Suna Gürler)

EIN KLEINER EGO-TRIP 2012 Theaterkurs, Leitung: Suna Gürler

triebs ist; 3. einen Leiter und Dramaturgen, der jüngeren Menschen auf Augenhöhe begegnet und der sein ganzes Herzblut in diese Tätigkeit reinschmeisst, wie das Uwe Heinrich hier seit vielen Jahren tut; 4. kein

GANZ WICHTIG IST: WIR ALS REGIETEAM STEHEN NICHT ÜBER DEN DINGEN.

Casting für die Produktionen, sondern ein Schöpfen aus den eigenen Kursen.
So entsteht über längere Zeit eine Art Familie, also eine Zugehörigkeit, die nie entstehen würde, wenn man Castings mit wildfremden Leuten machen würde, die man nur für eine Produktion herauspickt und danach nie wieder sieht. Ausserdem können so auch quasi ‹komische› Leute besetzt und gefördert werden, die man in ihrer Besonderheit gut kennt, die in einem Casting aber nie eine Chance hätten, obwohl sie unglaublich viel zu sagen haben, Talent und Commitment mitbringen.

Wenn Sie drei Regeln für junges Theater aufstellen dürften oder müssten?
1. Junges Theater ernstnehmen;
2. junge Menschen ernstnehmen;
3. junge Menschen auf die Bühne bringen. ∎

Suna Gürler ist als Regisseurin, Schauspielerin und Theaterpädagogin unter anderem in Basel, Berlin, Düsseldorf und Zürich tätig. Seit 2000 war sie am *jungen theater basel* in verschiedenen Funktionen an zwanzig Produktionen beteiligt. Regie führte sie am *jtb* bei ‹Untenrum› (2011), ‹Tschick› (2012), ‹Strom› (2014), ‹Flex› (2015) und ‹Wohin du mich führst› (2016). Seit der Spielzeit 2013/14 ist Suna Gürler am Gorki Theater in Berlin engagiert. Als Schauspielerin steht sie zudem in Sebastian Nüblings Produktionen ‹Und dann kam Mirna› und ‹Es sagt mir nichts, das sogenannte Draußen›, das 2014 von den Kritikern in ‹Theater heute› zum Stück des Jahres gewählt wurde, auf der Bühne.

Das *junge theater* ist: Freundschaft – Abenteuer – Liebe – Sex, Drugs & Rock'n'Roll – Freude – Verwirrung – erwachsen werden – Lust – ausprobieren – Grenzerfahrung – Sturm und Drang – Rivalität – Schmerz – Unterwegssein – Chaos – forschen – spielen – Identitätssuche – Zuhause – Familie – Vierfelderball – Freiheit – Fluch & Segen – Bireweggli – Villa – Baggenstos – on tour sein – Rausch – Glück – Verzweiflung – Verwandlung – Mut – am Puls der Zeit – Zukunft …
Daniel Wahl, Spieler, Kursleiter und Regisseur

Stephan Bircher schwingt den Schweissbrenner und flucht: «Alles muss man selber machen!» Marco Gianini trägt seelenruhig wie immer Scheinwerfer durch den Raum, Heidi Fischer mit ihren perfekt rotgeschminkten Lippen sitzt auf dem altrosa Sofa in der Villa, hört DRS2 und telefoniert. Und wir vier Jungschauspieler, Sandra Stadler, Rafael Sanchez, Dani Wahl und ich, rutschen auf unseren Knien rum und streichen den neuen Bühnenboden schwarz. Umbau 1995. Das hat mich unter anderem zu der Schauspielerin gemacht, die ich heute bin.
Tiziana Sarro, Spielerin

Geschichten erzählen. Von Jugendlichen und für Jugendliche. Der Blick von jungen Menschen auf die Welt, die da ist, und auf das Leben, das noch kommt. Das, was sie erahnen, erhoffen, befürchten in Worte, Töne und Bilder fassen. Ausfransen lassen im Spiel und in der Begegnung mit dem Publikum. Und wenn möglich: bitte auch mit Humor.
Paul Steinmann, Autor und Regisseur

Dass in jedem Menschen etwas steckt, was auf jeden Fall irgendwann, irgendwie zum Vorschein kommt, glaube ich nicht. Man muss zum richtigen Zeitpunkt am richtigen Ort sein.
Ich hatte Glück und stand genau an der richtigen Haltestelle, genau zur richtigen Zeit. Es regnete an diesem Tag, damals in den Neunzigern, war aber nicht weiter schlimm, da die Welt ansonsten noch ziemlich in Ordnung war. Der Bus hielt, die Tür ging auf, und die Busfahrerin winkte mich rein. Heidi Fischer. Sie hatte eine schwarzgold gestreifte Seidenhose an, mit der sie gerne am Gaspedal hängen blieb.
Auf der hintersten Bank sassen zwei junge Frauen. Sandra und Tiziana. In etwa so alt wie ich, 20/21. Ich setzte mich zu ihnen. Als der Bus mit ca. 80 km/h über die Wettsteinbrücke raste, kam Frau Fischer zu uns nach hinten und sagte: «Wofür bezahle ich euch eigentlich? Rafi, du wirst mit den beiden ein Stück inszenieren.» Und schon sass sie wieder am Steuer und bog in die Wettsteinallee ein. Inszenieren? Was heisst das? Vor einem grossen Haus konnte sie ihre Hose vom Gaspedal befreien und bremsen. Sie öffnete die Tür der Villa und wir traten ein. Es roch nach Hasch und kaltem Männerschweiss. Die Mädels zogen sich sehr kurze Kleidchen an und es ging los. Ich setzte mich auf einen Stuhl und schaute zu. Aus Kostengründen durften wir nur ein Requisit verwenden. Einen Teppichklopfer, immerhin. Mittags gab es Schokoladenjoghurt, stichfest. Die Premiere wurde ein riesiger Erfolg. Und was mach ich heute so? Über zwanzig Jahre später? Ich sitze auf einem Stuhl und schau zu. Manchmal muss ich lachen und rufe: «Bravo, noch einmal!»
Ein ziemlich cooler Beruf. Regisseur! Wäre von allein nicht drauf gekommen. Danke Heidi!
Danke *junges theater basel*!
Rafael Sanchez, Spieler und Regisseur

Die Erstausgabe von ‹Kasch mi gärn ha!› hatte ich 1977 als Jugendliche richtiggehend reingezogen, gleich mehrmals. Ueli Jäggi als rollschuhfahrender Orgasmus – unvergesslich. Auch wenn mein erstes Mal noch ausstehend war. Dreizehn Jahre später kommt mir die Ehre zu, neben vielen anderen Rollen auch ein Diaphragma zu spielen, das lustvoll auf der Bühne tanzt und sich auf seinen ‹Einsatz› freut. Magische sieben Jahre habe ich als Schauspielerin, Kursleiterin und Sekretärin beim *jtb* verbracht. Es hat unheimlich Spass gemacht.
Regula Schöni, Spielerin und Kursleiterin

Als ich das erste Mal den Baggenstos betreten hab, war ich sofort hoffnungslos verliebt in diese Spielwelt. Hier fand ich den Zugang zu mir selbst, ich erlebte eine noch nie zuvor erfahrene Freiheit! Der Kurs fand immer montags statt. Die Woche hatte von nun an eine andere Aufteilung: Der Montag war mein Glückstag, die nächsten Tage zehrte ich von all den Erinnerungen, und dann ging die Vorfreude auf den nächsten Montag wieder los. So ging das drei Jahre lang. Es war eine sehr freudvolle, abenteuerliche und unbeschwerte Zeit. Ich liebe das *junge theater basel* dafür!
Marie Leuenberger, Spielerin

Mit sechzehn Jahren sah ich ‹Kasch mi gärn ha›, mit siebzehn ‹Dryyschloo›, mit achtzehn ‹Duss fährt ab›. In diesen Produktionen erkannte ich mein eigenes Begehren und meine Beklemmung. Damals wurde mir klar: Ich muss raus aus der Aargauer Pampa, brachte meine Klampfe mit und huldigte als ‹Memphis-Brother› Mister Elvis Presley, Memphis, Tennessee, Amerika.
Ich habe mir seither fast jede neue Produktion angeschaut. Meistens mit einer Horde Schülerinnen und Schüler, denn die *jtb*-Bretter bedeuten nach wie vor ihre Welt.
Markus Gisin, Spieler

1997–1988

1997	**DIE NÄCHTE DER SCHWESTERN BRONTË**
1997	**ZETTEL'S TRAUM**
1996	**FRANK & STEIN**
1989	**ZMITTS DURE**
1995	**BEISPIELE GEGLÜCKTEN LEBENS 2**
1996	**DIE MEMPHIS-BROTHERS**
1995	**DER WIDERSPENSTIGEN ZÄHMUNG**
1993	**DUSS FÄHRT AB**
1992	**DRYYSCHLOO**
1990	**KASCH MI GÄRN HA!**
1993	**LEONCE UND LENA**
1995	**CLEX**
1992	**ZIMMER FREI**

DIE NÄCHTE DER SCHWESTERN BRONTË Anne Schneider 1997 Regie: Sebastian Nübling

ZETTEL'S TRAUM nach William Shakespeare 1997 Regie: Daniel Wahl

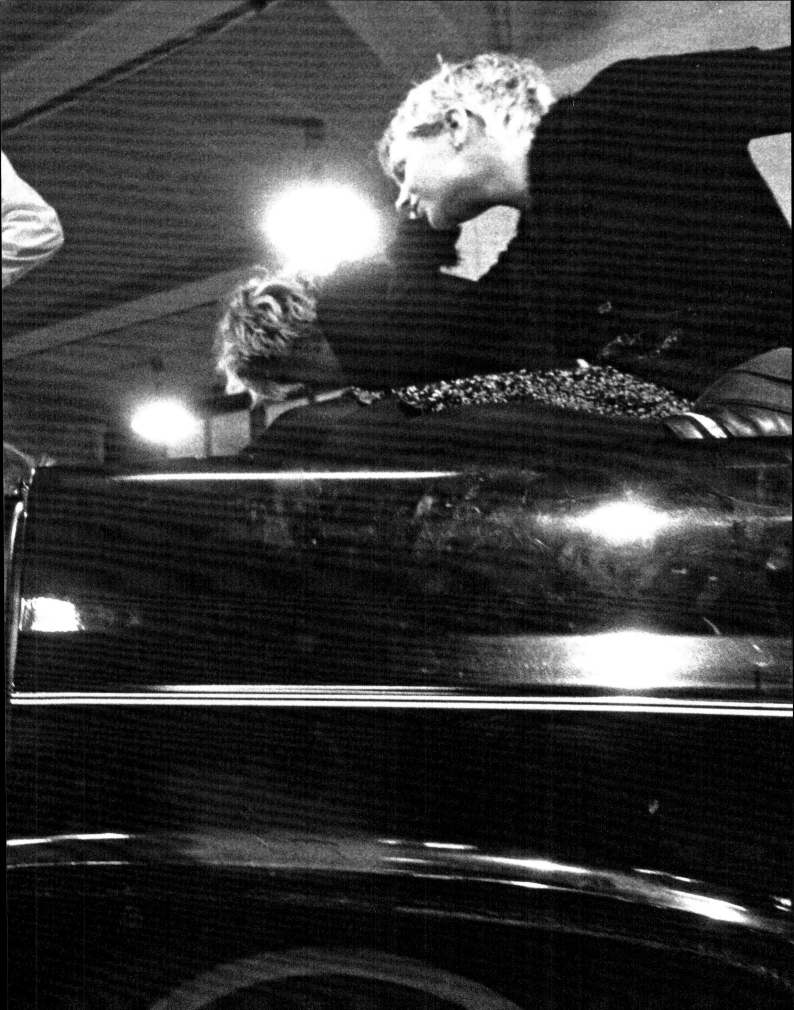

FRANK & STEIN von Ken Campbell 1996 Regie: Rafael Sanchez

ZMITTS DURE von Paul Steinmann 1989 Regie: Daniel Buser

BEISPIELE GEGLÜCKTEN LEBENS 2 von Eberhard Petschinka, Rafael Sanchez 1995 Regie: Eberhard Petschinka

DIE MEMPHIS-BROTHERS von Paul Steinmann 1996 Regie: Paul Steinmann, Choreografie: Regula Schöni

132/133

DER WIDERSPENSTIGEN ZÄHMUNG nach William Shakespeare 1995 Regie: Enzo Scanzi

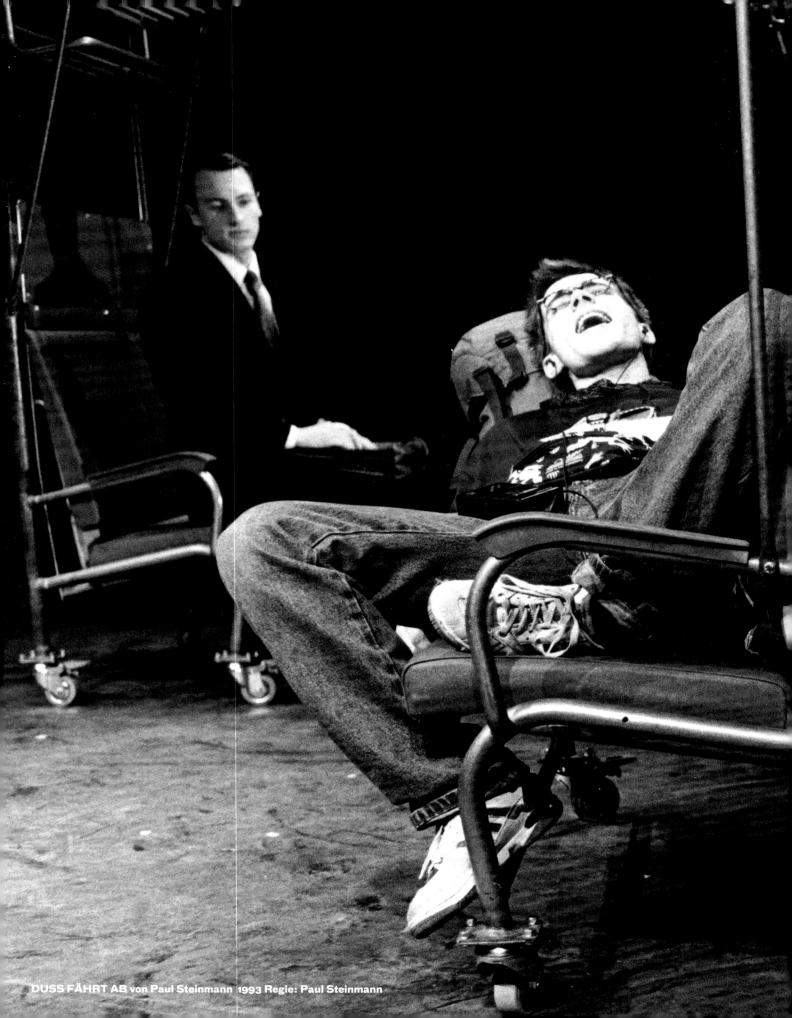

DUSS FÄHRT AB von Paul Steinmann 1993 Regie: Paul Steinmann

DRYYSCHLOO von Paul Steinmann 1992 Regie: Tinu Niederhauser, Paul Steinmann

KASCH MI GÄRN HA! von Helga Fehrmann, Jürgen Flügge, Holger Franke 1990 Regie: Daniel Buser

LEONCE UND LENA von Georg Büchner 1993 Regie: Wolfgang Beuschel

CLEX 1995 von Tiziana Sarro

ZIMMER FREI von Markus Köbeli 1992 Regie: Heidi Fischer

146 «EIN WUNDERBAR GESCHÜTZTER RAUM FÜR UNGESCHÜTZTES»
EIN GESPRÄCH MIT ANNA JUNGEN

149 WIEVIEL VIELFALT BRAUCHT DAS THEATER?
INÉS MATEOS

153 «WENN DU DAS ÜBERLEBT HAST, KANNST DU EASY ALLEM BEGEGNEN»
EIN GESPRÄCH MIT DER ‹THEATERFAMILIE› DALIT BLOCH, DANIEL BUSER, LAURIN UND TABEA BUSER

«EIN WUNDERBAR GESCHÜTZTER RAUM FÜR UNGESCHÜTZTES»

EIN GESPRÄCH MIT **ANNA JUNGEN,** FRÜHER SPIELERIN BEIM JUNGEN THEATER BASEL, HEUTE RADIOJOURNALISTIN UND LEHRERIN, ÜBER DEN SINN VON NONSENS UND BLAUEN FLECKEN, DEN CHARME DES ENTSCHÄMENS UND DIE TOLLE ERFAHRUNG, DASS IMMER ALLE ETWAS INTERESSANTES BEITRAGEN KÖNNEN

■ **Anna Jungen, Sie haben sich vor genau zwölf Jahren mit siebzehn zum ersten Mal für einen Kurs beim *jungen theater basel* angemeldet. Wie war dieser Anfang für Sie?**
Ein Schock. Denn da gab es so viele, die wahnsinnig gut waren im Spielen und mega viel Platz brauchten. Da habe ich mich anfänglich zurückgezogen. Ich bin fast etwas erstarrt. Denn sonst, in der Schule oder im Freundeskreis, war ich jeweils diejenige, die deutlich und waghalsig war. Hier aber tobten ganz viele Charakterköpfe herum, und es brauchte etwas Zeit, bis ich herausfand, wo ich dazugehörte in der Gruppe. Die Proben selber fand ich aber von Anfang an super, nur das Socialising daneben war anstrengend und machte mich nervös. Da habe ich für mich erfahren: Die Bühne ist der sicherste Ort der Welt – unsicher ist alles ringsum.

Wirklich? Die Bühne, wo man so ausgestellt ist und ganz viel von sich zeigt, als sicherster Ort der Welt?
Ja, denn da kannst du alles ausprobieren. Wenn's gut läuft, gibt's Anerkennung und Applaus. Wenn's nicht so gut kommt, passiert nichts Schlimmes. Das *jtb* war für mich der erste Ort, wo ich nicht sanktioniert wurde, weder für meine Sprache noch für meine widerborstigen Ideen.

Gleich nach dem einen Jahr im Theaterkurs wurden Sie für eine professionelle Produktion angefragt. Das war sicher eine riesige Anerkennung. Was gab in Ihren Augen wohl den Ausschlag dazu?
Ja, damit hatte ich wirklich nie gerechnet. Uwe Heinrich kam nach dem Kurs zu mir und sagte, er schätze meine Art zu denken sehr. Das ist etwas vom Schönsten, was mir jemals gesagt wurde.

Welche Ideen haben Sie denn damals umgetrieben?
Die Ungerechtigkeiten auf der Welt, Fragen zu Globalisierung und Kapitalismus, das hat mich alles schon sehr beschäftigt.

Haben Sie denn dafür ein Echo gefunden bei den Gleichaltrigen im Kurs?
Sie meinen: Alle wollen über Liebe reden und du kommst mit Politik – gähn! Nein, keineswegs. Man hat mir bald eine gewisse Expertise zugebilligt in diesen Dingen. Andere waren besser im Sextalk. Man kann aber ganz gut Brücken schlagen vom ersten Sex zum ersten Mal auf einer

DIE BÜHNE IST DER SICHERSTE ORT DER WELT – UNSICHER IST ALLES RINGSUM.

Demo. Und überhaupt, es muss gar nicht immer ein formuliertes Thema sein. Alles gibt etwas her. Wir haben auch viel herumgealbert. Dieser Nonsens ist wichtig. Das ist kein Abfall, das ist Kompost. Aber klar, manchmal hatte ich schon Angst, dass das, was wir da so lustvoll ausprobieren, für andere auch furchtbar banal sein könnte. Und für Banales wollte ich nicht auf der Bühne stehen. Am Schluss hat es aber in der Verdichtung immer eine Tiefe bekommen, die mich jedes Mal sehr erstaunt hat.

Das *jtb* ist ja auch bekannt für einen sehr körperlichen Ansatz in seiner

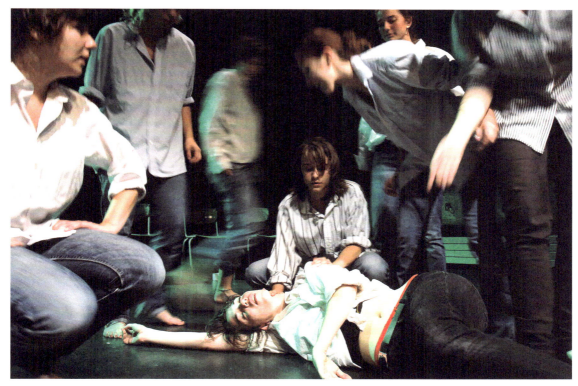

DELETE YOURSELF 2007 Theaterkurs, Leitung: Uwe Heinrich (in der Mitte kauernd: Anna Jungen)

Arbeit. Was hat diese Körperlichkeit bei Ihnen selber bewirkt?
Es hat mich auf eine gute Art ‹entschämt›. Wir haben gerade auch körperlich unglaublich viel ausprobiert. Das *jtb* ist einer der wenigen Orte auf der Welt, wo man sich nie schämen muss, was immer man macht. Ich fand diese Wildheit ganz toll und hatte immer blaue Flecken überall. Die Ärztin hat mich einmal ganz besorgt nach diesen Flecken gefragt, und als ich sagte, ich spiele eben Theater, meinte sie sichtlich misstrauisch: «Sind Sie sicher, dass das vom Theaterspielen kommt?» und wollte mir wohl schon diskret ein Kärtchen der Opferhilfe rüberschieben.

Welche neuen Erfahrungen im Umgang mit Menschen haben Sie in Ihrer Zeit beim *jtb* gemacht?
Eine ganz wichtige und neue Erfahrung war für mich, dass immer alle etwas Interessantes beitragen können, wenn man sie auf gute Weise dazu ermutigt und ernst nimmt. Wo sonst hat man die Möglichkeit, sich auf so vielfältige Weise zu zeigen? Man kann sich natürlich fragen: Kommen nur die coolen, interessanten Leute zum *jtb*, oder kommen ganz normale Menschen und zeigen hier ihre interessanten Seiten? Ich glaube, es ist das Zweite.

Was bedeutet das *jtb* für Sie heute?
Vielleicht ist es zu reflexartig, wenn ich sage: Ich finde das *jtb* bis heute einfach mega toll! Aber es ist so. Ich besuche noch heute möglichst alle Kursproduktionen, weil mich das einfach berührt. Das ist ein Ort, wo nichts zensuriert, nichts heruntertemperiert wird. Man kann alles hinlegen, und niemand zuckt zusammen. Es ist ein wunderbar geschützter Raum für Ungeschütztes. Ich weiss nicht, wo es später noch so einen Raum gibt, der nicht einfach nur privat ist.

Sie sind heute Radiojournalistin und Lehrerin. Konnten Sie aus Ihrer Theatererfahrung etwas mitnehmen in Ihre beruflichen Tätigkeiten?
Um das gleich zu klären: Junges Theater ist das Gegenteil von Schule, in jeder Hinsicht. Aber klar, ich habe keine Angst, vor Schulklassen zu stehen. Das hat aber auch seine Tücken. Eine Ausbildnerin hat mir mal gesagt, ich könne die Schülerinnen gut unterhalten, das führe aber auch dazu, dass sich die Klasse tendenziell zurücklehne. Nicht ich müsse performen, sondern die Schüler. Recht hat sie. – Beim Radio sagt man mir, ich sei furchtlos und hätte einen natürlichen Stil im Umgang mit dem Gesprochenen. Wieviel davon mit der Theatererfahrung zusammenhängt, weiss ich nicht.

Welche Erwartungen haben Sie generell an junges Theater?
Junge Themen, junge Spielerinnen, junge Sprache. Nichts weggeschliffen und keine Belehrung. Entscheidend ist, dass mit den Inputs der Jugendlichen gearbeitet wird. Es darf nicht das Projekt eines Erwachsenen

MAN KANN ABER GANZ GUT BRÜCKEN SCHLAGEN VOM ERSTEN SEX ZUM ERSTEN MAL AUF EINER DEMO.

sein, der eigentlich lieber mit Profis inszenieren würde. Junges Theater soll ausserhalb aller Zwänge und Erwartungen stehen. Es muss einfach

ZWISCHENJAHR 2008 Regie: Markus Gerber (rechts: Anna Jungen)

eine Ernsthaftigkeit haben, dann bekommt es automatisch Bedeutung.
Hat das Ihr Umfeld auch immer so gesehen?
Meine Grossmutter fand's immer ganz schlimm, was ich am *jtb* gemacht habe. Für sie war es direkt ein Hilferuf. Ich habe mit niemandem so viel geredet über die Stücke wie mit meiner Grossmutter. Ja, sie hat recht, das *jtb* ist keine Benimmschule. Sie empfand es als schlimm, ihre Enkelin so zu erleben, und fand das *jtb* einen ‹schlechten Umgang› für mich. Aber ich habe sie zu jedem weiteren Stück eingeladen. Und sie ist immer gekommen. Ausser zum expliziten Sexstück ‹Untenrum›. Das war mir aber eigentlich gerade recht. Das hätte ein sehr langes Nachgespräch gebraucht.
Nochmals zurück zum Ausgangspunkt vor etwa zwölf Jahren. Was wollten Sie damals werden?
Ich wollte etwas machen in der Entwicklungszusammenarbeit. Auch Aktivistin bei Greenpeace hätte ich mir vorstellen können, zum Beispiel als Industriekletterin, weil ich gut und gerne klettere. Aber wenn man dann oben ist, muss man auch etwas Konkretes können, Elektrikerin oder sonst etwas Praktisches. Studiert habe ich dann Philosophie, aber die Antworten haben mich dort nicht befriedigt. Heute würde mich Psychoanalytikerin mehr interessieren – dem Unverständlichen am Menschsein auf der Spur sein. Am einfachsten wäre es vielleicht, sehr religiös zu sein, aber das hat sich einfach nicht ergeben.

ES SOLL SEIN WIE DIE PUBERTÄT: WILD UND VERLETZLICH.

Wenn Sie drei Regeln für junges Theater formulieren dürften oder müssten, welche wären es?
1. Es soll sein wie die Pubertät: wild und verletzlich. 2. Es ist gut, wenn es der Grossmutter nicht gefällt.
3. Es soll ein Ort sein ohne Klischees und somit ein Ort, an dem ernsthaft nachgedacht wird. Dann ist es auch ein emanzipatorischer Ort, egal ob punkto Sex oder Politik. ■

Anna Jungen hat Philosophie und Germanistik studiert und die Ausbildung zur Gymnasiallehrerin absolviert. Sie arbeitet mit einem Teilpensum bei Radio SRF. Am *jtb* spielte sie in drei Kurspräsentationen mit sowie in den Produktionen ‹Zwischenjahr› (2008) und ‹Untenrum› (2011). Sie lebt in Basel.

WIEVIEL VIELFALT BRAUCHT DAS THEATER?

Inés Mateos

DIE DIVERSITÄTSEXPERTIN INÉS MATEOS REFLEKTIERT ÜBER JUNGES THEATER ZWISCHEN REPRÄSENTATION UND VERKÖRPERUNG SOWIE SEINE HERAUSFORDERUNGEN IN EINER SUPERDIVERSEN GESELLSCHAFT.

■ Was soll Theater? Die Frage drängt sich Wissenschaftlerinnen und Theaterschaffenden, Politik, Medien und Kulturförderung seit Jahrzehnten immer wieder auf – zuweilen auch dem Publikum. Sie stellt damit die alte Dichotomie ‹bilden oder unterhalten› jeweils von Neuem zur Diskussion, verhandelt die Relevanz politischer Inhalte auf der Bühne (wie derzeit etwa die Frage nach der Rolle des Theaters in Zeiten von Fluchtbewegungen) oder insistiert auf der grundsätzlichen Bedeutung künstlerischen Bühnenschaffens. Nur im *jungen theater basel* scheint diese Frage niemanden zu kümmern. Hier wird Theater gespielt, als ginge es ums Leben, als ginge es darum, die Welt zu begreifen. Und das heisst, die Welt nicht nur mit dem Kopf zu verstehen, sondern sie mit allen Sinnen zu erfassen und auf diese Weise zu bewältigen, sie sich körperlich anzueignen – und damit zu verändern. Das tun die jungen Schauspielenden im *jtb* mit einer Unbedingtheit, die sich auch auf das Publikum überträgt und so die Frage nach dem Wozu von Theater elegant hinter sich lässt.

Fragen wir deshalb nach der Welt, die das *jtb* auf die Bühne bringt: Mit welcher Repräsentation von Welt haben wir es zu tun? Das *jtb* nimmt die identitätsbildende Auseinandersetzung der jungen Spielerinnen auf eine Art ernst, welche die Krisenhaftigkeit des richtungslosen Suchens zum Angelpunkt macht, in den auch das nicht mehr junge Publikum hineingezogen wird. So drängt nicht nur jugendliche Sinnsuche, sondern auch die Aktualität der Welt auf die Bühne, zeitgemäss etwa durch omnipräsente digitale Gadgets wie in den Produktionen ‹Noise› oder ‹Zucken› oder aufbrechende Geschlechterrollen wie in ‹Flex›. Diese Konfrontation von gebrochener Sinnsuche, von zuweilen ekstatischer existenzieller Krise, wie sie nur die Jugend kennt, und gelebter Welt zeigt eine junge Realität, die urban, individualisiert und vor allem vielfältig ist.

Das *jtb* präsentiert uns so eine Gesellschaft, wie sie der Soziologe Steven Vertovec in jüngster Zeit mit dem Konzept der ‹Superdiversität› begrifflich gefasst hat. Der Begriff versucht die komplexe Vielfalt und das Prozesshafte des gesellschaftlichen Wandels mit in den Blick zu nehmen, statt soziale Diversität nur als eine Aneinanderreihung identitätsbildender Kategorien zu begreifen. Dynamische, sich überkreuzende und ausdifferenzierte Milieus sind das Hauptmerkmal dieser pluralisierten Gesellschaft. Die Vielfalt vervielfältigt sich gewissermassen. Wer will schon nur eine Frau sein? Wer nur jung? Wer nur ein Migrant? Und so lassen sich auch viele der Stücke des *jtb* lesen. Da geht es nicht nur darum, dass eine junge Frau schwarz ist, auch wenn ihre alltägliche Rassismuserfahrung zwingend Teil der Geschichte ist, die uns erzählt wird. Da geht es auch um eine vielfältige Lebensrealität, welche sie mit anderen teilt, die aber dieser spezifischen Erfahrung nicht in gleicher Weise ausgesetzt sind. Die Summe solch unterschiedlicher Erfahrungswelten fliesst so in die vielfach durchmischte Repräsentation realer gesellschaftlicher Vielfalt ein. In diesem Sinne bringt das *jtb* nicht nur mit seinen Themen gesellschaftliche Vielfalt auf die Bühne, vielmehr fungiert hier Vielfalt im Sinne von Superdiversität auch bei der Rollenbesetzung und im Einbezug lebensgeschichtlicher Aspekte der Spieler als programmatischer Impuls.

SO DRÄNGT NICHT NUR JUGENDLICHE SINNSUCHE, SONDERN AUCH DIE AKTUALITÄT DER WELT AUF DIE BÜHNE.

Auf der Ebene der Repräsentation – des Kerngeschäfts von Theater – zeigt uns das *jtb* eine von Vielfalt geprägte Welt, die aktuelle gesellschaftliche Fragen aufwirft. Diese reichen von den Brüchen moderner Biografien über Leistungsdruck in globalisierten Zusammenhängen bis hin zu sexueller oder geschlechtlicher Selbstfindung im Zeitalter des ständigen Zugriffs auf soziale Medien. Als Antrieb der jungen Interpretinnen erscheint dabei das gemeinsame Anliegen, diese Welt im Akt der Repräsentation auseinanderzunehmen, sie sich anzueignen und darin handelnd aktiv zu werden. Über alle trennenden Differenzen hinweg stellen sich ihnen und uns die Fragen: In welcher Welt leben wir? Welche Gesellschaft wollen wir eigentlich sein? Das ist im besten Sinne eine postmigrantische Fragestellung, insbesondere wenn sie aus einer Vielfalt heraus gestellt wird, die auf der Bühne auch verkörpert wird. Postmigrantisch heisst hier nicht, dass es keine Migration oder Migranten mehr gibt, sondern vielmehr, dass Migration konstitutiv wird für das, was Gesellschaft heute überhaupt ist, und für die Fragen, die sich daraus ergeben – auch und gerade im Theater. Nicht zufällig hat eine Theaterfrau den Begriff geprägt. Shermin Langhoff, die Intendantin des Maxim Gorki Theaters in Berlin, lancierte 2008 als künstlerische Leiterin des Kulturzentrums Ballhaus in Berlin Kreuzberg das *junge postmigrantische Theaterfestival* und brachte den Begriff damit in Umlauf. Seither wird er in der öffentlichen Debatte um Migration immer populärer und ist inzwischen auch Gegenstand zahlreicher wissenschaftlicher Untersuchungen.

Gängige Vorstellungen über Migrantinnen, die deren kulturelle Zugehörigkeit, Sprache und Religion in den Vordergrund stellen, werden im postmigrantischen Kontext obsolet. Nicht nur weil sie untergeordnete Merkmale der kollektiven Zugehörigkeit von Zugewanderten darstellen. Die verbreiteten Vorstellungen, die auf die ethnische Zugehörigkeit fokussieren, sind schon deshalb falsch, weil es die Gruppe der Migranten als solche gar nicht gibt. Unterschiedlich sind nicht nur Herkunftsländer oder kulturelle Zugehörigkeit, soziale Schicht oder Bildungsstand, unterschiedlich sind auch Migrationswege und -gründe, und verschieden sind zudem Rechtsstatus und Aufnahmekontext, der Zugang zu Bildung und Beschäftigung sowie die herrschenden Arbeitsmarktbedingungen. Dazu kommen individuell-biografische Aspekte und der Einfluss der klassischen Diversitäts-Kategorien wie Geschlecht, Alter, Behinderung etc. Zusammen spiegelt diese grössere Bandbreite an sozialen Variabeln den neuen Pluralismus unserer Einwanderungsgesellschaften wider. Es ist dieser Pluralismus, das komplexe Zusammenspiel all dieser Faktoren, der mit dem Begriff der Superdiversität bezeichnet wird und der nahezu alle gesellschaftlichen Transformationen prägt. Der springende Punkt dabei ist, dass dieser Wandel in und durch Vielfalt nicht nur für Zugewanderte gilt, sondern für die gesamte Gesellschaft. Dies lässt sich am Beispiel des demografischen Wandels verdeutlichen. Die aktuelle Formel lautet: Immer mehr Seniorinnen stehen immer weniger Kindern, Jugendlichen und Erwerbstätigen gegenüber. Hier wird nun der postmigrantische Effekt deutlich sichtbar: 37 Prozent der Schweizer Bevölkerung gehören zur ersten, zweiten oder dritten Generation von Zugewanderten, allerdings haben 24 Prozent der Schweizer Bevölkerung keinen Schweizer Pass. Von diesen 1 652 048 Menschen sind 55 Prozent entweder in der Schweiz geboren oder seit mehr als zehn Jahren hier. Und dennoch stellt seit vielen Jahren die Einbürgerung von Migranten den grössten Wachstumsfaktor unseres Landes dar.

WIR MÜSSEN LERNEN, MIGRATION ALS GENUIN KONSTITUTIVEN ASPEKT UNSERER GESELLSCHAFT ZU SEHEN.

Pointiert gesagt: Die Schweizer Bevölkerung wächst nur dank Migration. Wie in vielen anderen Einwanderungsländern ist auch in der Schweiz demografische Erneuerung elementar abhängig von Migration. Dies aber heisst, dass wir Migration nicht mehr als etwas der Schweiz Äusserliches betrachten können, das jederzeit abstrahierbar wäre, sondern dass wir lernen müssen, Migration als genuin konstitutiven Aspekt unserer Gesellschaft zu sehen.

In der Repräsentation gesellschaftlicher Vielfalt nimmt das *jtb* konsequent die Herausforderung superdiverser postmigrantischer Realitäten an, wie etwa die gängige Mehrsprachigkeit unter Jugendlichen oder die Vielfalt konfligierender Normvorstellungen. Es inszeniert mit viel formaler Kreativität die Fragestellungen, die sozusagen am

ZUCKEN von Sasha Marianna Salzmann 2017 Regie: Sebastian Nübling

DAS PROGRAMM 2016 Theaterkurs, Leitung: Uwe Heinrich, David Speiser

MÄNNER 2014 Choreografie: Ives Thuwis

Puls der Pluralität unserer Zeit liegen, und bietet Lesarten an, die wegführen von einer quotengetriebenen Vorstellung von Diversität. Das *jtb* stellt die Komplexität von Vielfalt eben nicht nur über die sichtbare Verschiedenheit der jeweiligen Ensemblemitglieder her, sondern spiegelt Gesellschaft auch über Themenwahl und Darstellungsformen, wie etwa den raumfordernden Umgang mit fehlenden Freiräumen in ‹Noise› oder das performative Spiel mit Geschlechterrollen in ‹Flex›. Dennoch bleibt über die Frage nach der Repräsentation hinaus das Anliegen der verkörperten Diversität bestehen. Denn zu den Aufgaben kultureller Institutionen – und das *jtb* ist eine solche – gehört meines Erachtens, nicht nur gesellschaftliche Vielfalt auf der Bühne zu repräsentieren, sondern diese auch mit den Menschen, die in der Institution tätig sind, zu verkörpern. Analysieren lässt sich dieser Anspruch anhand eines einfachen Drei-Punkte-Programms. Unter dem Gesichtspunkt der Vielfalt werden dabei 1. das Programm, 2. das Personal und 3. das Publikum einer Institution unter die Lupe genommen.

Gerade im Vergleich zu den grossen Theaterhäusern, die oft noch ein sehr homogenes Bild von Gesellschaft zeigen, ist das *jtb* auf der Ebene von Programm und Personal bezüglich Diversität gut aufgestellt. Es gelingt ihm, Vielfalt thematisch und formal zu repräsentieren und gesellschaftliche Durchmischung auf der Bühne und in der Institution auch personell abzubilden. Dabei geht es nicht nur darum, Superdiversität als durchaus ‹sexy› anzuerkennen, weil sie eben die relevanten Themen unserer Zeit liefert. Vielmehr müssen Institutionen verstehen, dass Differenzen oft auch einen sozial diskriminierenden Aspekt beinhalten. Institutionen haben deshalb die Aufgabe, Diskriminierung und Barrieren aller Art aufzuheben, um Asymmetrien und Ungleichheiten auszugleichen. Das ist ebenso eine Frage der Repräsentation wie der Gerechtigkeit – und umso relevanter in einer Gesellschaft, in der die Trennungslinien bisweilen unüberbrückbar erscheinen.

Der Zugang zur Theaterwelt ist für viele Jugendliche eine Chance, aber er ist keine Selbstverständlichkeit. Auch wenn sich das *jtb* nicht in der Traditionslinie des bürgerlichen Theaters positioniert, so bleiben doch die Teilhabe an der Kultur und der Zugang zum Theater durch Erfahrungen mit hermetischen Institutionen für viele versperrt. Der Zugang für die ganze Vielfalt von jungen Menschen zur Bühne des *jtb* ist deshalb auch ein Weg, über die Spieler, deren Erfahrungswelten und mit experimentellen Darstellungsformen ein Publikum zu erreichen, das nicht von Haus aus theateraffin unterwegs ist oder dessen Geschichten selten repräsentativen Gehalt und öffentliche Gestalt erlangen. Theater, wie es das *jtb* bietet, ist deshalb ein wichtiges Mittel gegen den Ausschluss und für die Teilhabe am kulturellen Leben vieler. Die vielen zu den Eigenen zählen zu können, dürfte indes auch für das *jtb* zu den grössten Herausforderungen für die Zukunft gehören. ■

THEATER, WIE ES DAS JTB BIETET, IST DESHALB EIN WICHTIGES MITTEL GEGEN DEN AUSSCHLUSS UND FÜR DIE TEILHABE AM KULTURELLEN LEBEN VIELER.

Inés Mateos ist Expertin, Moderatorin und Dozentin für gesellschaftliche Themen rund um Bildungs- und Diversitätsfragen, sie engagiert sich für ausländerrechtliche Anliegen und lebt mit ihrer Familie in Basel.

«WENN DU DAS ÜBERLEBT HAST, KANNST DU EASY ALLEM BEGEGNEN»

EIN GESPRÄCH MIT DER ‹THEATERFAMILIE› **DALIT BLOCH, DANIEL BUSER, LAURIN UND TABEA BUSER** ÜBER IHRE VIELFÄLTIGEN WEGE DURCHS JUNGE THEATER BASEL UND HINAUS INS KÜNSTLERISCHE EIGENLEBEN

■ Sie repräsentieren mit Blick auf das *junge theater basel* etwas ganz Besonderes: Alle haben Sie hier auf diesen Brettern gespielt, und alle sind Sie auch heute im künstlerischen Bereich tätig. Dalit Bloch (1959) und Daniel Buser (1958) und Laurin (1991) und Tabea Buser (1993), Sie bieten uns den Zwei-Generationen-Blick auf dieses Theater und haben gemeinsam mindestens vier Jahrzehnte Seherfahrung im Theaterbereich. Was hat Sie alle so unwiderstehlich zum jungen Theater gezogen?

Dalit Bloch ‹Do flippsch uss!›, die erste Produktion des Basler Jugendtheaters, war ein Renner und Stadtgespräch. Alle hatten das gesehen, und es hat mich unheimlich neugierig gemacht auf Theater generell, also habe ich mich da hineingemischt und war ab der dritten Produktion und für vier weitere dabei, und es wurde tatsächlich für Jahre meine zweite Familie. 1990 führten Dani und ich dann gemeinsam Regie bei der Neuauflage des legendären ‹Kasch mi gärn ha!›. Und ein Jahr später kam Laurin zur Welt!

Daniel Buser Ich war schon 25, als ich zum Basler Jugendtheater kam, hatte Psychiatriepfleger gelernt, machte Musik und Strassentheater. Das Jugendtheater hat mich fasziniert, ich hatte viele Stücke gesehen, und da ist man wunderbarerweise an mich herangetreten, ob ich auch mitmachen wolle. Ich bin neun Jahre geblieben und habe in dieser Zeit wohl alle Funktionen übernommen, die es da gab, vom Spieler über den Musiker bis zum Regisseur und Co-Leiter.

Laurin Buser Ich war ja anfänglich dem *jtb* gegenüber sehr kritisch eingestellt. Ich hatte vorher bei Sandra Löwe im Sprachhaus M, wo das Sprachliche sehr gepflegt wurde, schon bei drei Produktionen mitgewirkt. Mir hat die Mundart im *jtb* gar nicht gefallen. Ich fühle mich bis heute im Hochdeutschen wohler. Ich hatte auch Vorbehalte gegen diesen exklusiven Community-Groove am *jtb*, da musste man erst mal hineinkommen. Dennoch wurde ich dann für die Produktion ‹Punk Rock› angefragt.

Tabea Buser Ich hatte zuerst einen Jugendclub beim Theater Basel besucht, aber da erinnere ich mich an nichts mehr. Eigentlich hatte ich Angst vor dem *jtb*. In einer Kursproduktion hatte ich eine Geburt auf der Bühne gesehen und bekam Schiss, selber so etwas spielen zu müssen.

Es gibt diese schöne Formel vom ‹sich ausprobieren im Theater›: Was heisst das für Sie konkret? Inwiefern haben Sie sich im *jtb* am stärksten weiterentwickelt? Wo vielleicht auch den Kopf angeschlagen?

Laurin Buser Ganz krass anders war für mich, erstmals vor fast gleichaltrigen Schülern zu spielen. Diese Konfrontation, so wild, so mitgehend, so alles kommentierend, wo du auch beschimpft oder ausgelacht wirst, das hat mich extrem bereichert, auch privat. Wenn du das überlebt hast, kannst du easy allem begegnen.

Tabea Buser Jeder einzelne Schritt war ein Ausprobieren! Ich wusste damals noch nicht genau, wer ich bin, ich bin jetzt noch am Suchen. Ich profitiere heute als Schauspielerin noch sehr viel von diesen Erfahrungen. Zum Beispiel die vierte

ICH HATTE AUCH VORBEHALTE GEGEN DIESEN EXKLUSIVEN COMMUNITY-GROOVE AM JTB.

Wand zu öffnen, wovor viele Angst haben. Direkt ins Publikum schauen, das ist für mich das Geilste auf der Welt. Im ständigen Kontakt zu sein, das ist es ja, was Theater ausmacht, dass alles mit dem Publikum zusammen entsteht, und deshalb mache ich Theater.

Daniel Buser Für mich war das Basler Jugendtheater die absolut prägende Lebenserfahrung. Für Jugendliche mit ihren direkten Reaktionen zu spielen, das war für mich immer ein unglaubliches Geschenk, auch die Nachbesprechungen mit jungen Men-

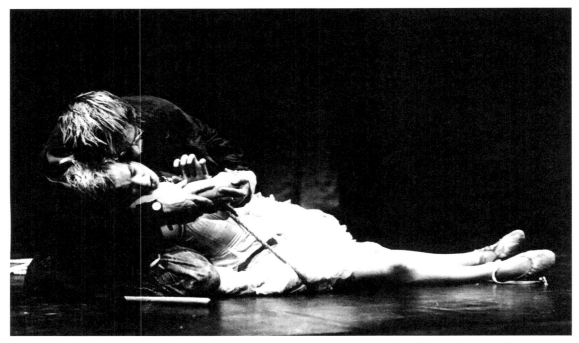

WARTEN AUF GODOT von Samuel Beckett 1987 Regie: Sigmund Zebrowski (oben: Daniel Buser)

schen, die oft zum ersten Mal überhaupt ins Theater gekommen waren.
Dalit Bloch Ja, diese Vor- und Nachbereitungen für Schulklassen haben sehr viel Spass gemacht, oft hatten wir dafür ein Forum-Theater nach Augusto Boal entwickelt und damit die Klassen ins Spiel einbezogen. Ende der Achtzigerjahre hat das Jugendtheater auch Becketts ‹Warten auf Godot›, Genets ‹Die Zofen› oder Ramuz' ‹Geschichte vom Soldaten› gespielt. Wie sind Sie auf diese Idee gekommen, die heute wohl kaum denkbar wäre in einem jungen Theater?
Dalit Bloch In dieser Phase dockte man tatsächlich weniger an den direkten Jugendthemen an und wollte offenbar als Künstlerinnen und Künstler selber eine Entwicklung machen. Es zeigte sich aber bald, dass dieser etwas forcierte ‹Kunst›-Weg die Jugendlichen weniger ansprach als erhofft.
Daniel Buser Man darf aber Hansjörg Betscharts ‹Sommernachtstraum› im grossen Zelt auf der Kasernenwiese nicht vergessen. Das war ein wunderbares kollektives Gesamtkunstwerk mit einem Stück Weltliteratur, poetisch, musikalisch und sehr jugendnah – und hat auch ganz viele Erwachsene verzaubert.

Laurin und Tabea Buser, Sie haben beide in nicht unbedingt zauberhaften Stücken von Simon Stephens mitgespielt, in ‹Punk Rock› und ‹Morning›. Wie erlebten Sie den Umgang mit dem Verstörenden, zum Teil Brutalen, das Stephens' Stücke prägt?
Tabea Buser Das war für mich überhaupt nicht brutal. Ich wusste zum Beispiel in ‹Morning›, ich schlage jetzt mit dem Mikrofon auf die Matratze, und das ist vielleicht für das Publikum schlimm, das meint, ich schlage auf einen Kopf ein. Wir waren nie bedrückt, weil es ein bedrückendes Stück ist. Ich kann mich innerlich gut abgrenzen. Mein Persönliches muss nicht spürbar sein in dem, was ich auf der Bühne mache. Für mich ist Schauspiel dann Kunst, wenn man nicht im Eigenen herumsuhlt.

Daniel Buser Da möchte ich aus meiner Erfahrung heraus widersprechen. Wir haben damals extrem herumgesuhlt. Für die Produktion ‹Der Schatten› (1987) des Russen

> **IM STÄNDIGEN KONTAKT ZU SEIN, DAS IST ES JA, WAS THEATER AUSMACHT, DASS ALLES MIT DEM PUBLIKUM ZUSAMMEN ENTSTEHT, UND DESHALB MACHE ICH THEATER.**

Jewgeni Schwarz zum Beispiel haben wir sechs Monate herumgewühlt und in manche Abgründe geschaut.
Dalit Bloch Das war zu unserer Zeit wirklich anders. Wir hatten natürlich unseren Stanislawski gelesen, und wenn jemand heulen musste auf der Bühne, dann haben wir diese Emotion gesucht, dass die Tränen nur so runtergeströmt sind. Wer dramati-

SCHISS 1982 Regie: Hansjörg Betschart (vorne: Dalit Bloch)

STURZFLUG 1986 Regie: Urs Steiner

scher war, war echter. Das sehe ich heute auch nicht mehr so.
Laurin Buser In ‹Punk Rock› gibt es gegen das Ende hin einen Amoklauf. Aber den haben wir erst ganz am Schluss geprobt, als unsere Rollen schon fest geformt waren. Die Form des Amoklaufs war dann auch keine naturalistische, sondern in der extremen Verlangsamung sehr künstlich überhöht. Die Bilder waren viel wichtiger als ein Gefühl zu finden, um auf der Bühne weinen zu können. Ich habe mich dadurch sehr aufgehoben und geschützt gefühlt in der Probenarbeit mit Sebastian Nübling.

Wie ist das für die Eltern, die eigenen Kinder auf der Bühne, die man selber mal bespielt hat, so tolle und schlimme Sachen spielen zu sehen?
Dalit Bloch Zuerst ist da der ganz normale Elternstolz. Ich war bei beiden Stücken zu Tränen erschüttert durch die Geschichte, und ich habe da nicht in erster Linie meine Kinder gesehen auf der Bühne – und trotzdem glaube ich, dass ich dünnhäutiger war und die Tränen schneller gekommen sind, weil es meine Kinder waren.
Daniel Buser Klar, da war schon auch der romantische Blick. Aber es gibt auch den anderen Teil, nämlich zu erleben, wie sie sich entwickelt haben, wie sie mit breiterer Brust auftreten und auch technisch, in der Sprache,

DAS JTB HILFT JUNGEN MENSCHEN DABEI, SOLCHE ECHTEN ENTWICKLUNGSSPRÜNGE ZU MACHEN.

in der Präsenz, in der Fähigkeit, Widerstand zu leisten, einen wirklichen Reifeprozess durchgemacht haben. Das *jtb* hilft jungen Menschen dabei, solche echten Entwicklungssprünge zu machen.

Wenn Sie auf die Zeit beim *jtb* zurückschauen, inwiefern hat sich dadurch Ihr Blick auf ‹die Welt› oder auch auf sich selbst und auf andere Menschen verändert?
Laurin Buser Für mich war es ein krasses Jahr: Schule fertig, mich als Slam-Poet selbstständig gemacht und die deutschsprachige Slam-Poetry-Meisterschaft gewonnen – und dazu noch all die Themen und Formen, mit denen man sich im Theater beschäftigt. Besonders gut fand ich die Durchmischung verschiedenartigster Menschen, die ich am *jtb* erlebt habe. Ein zusammengewürfelter Haufen, der wirklich ‹Gesellschaft› ausprobiert hat.

Das *jtb* ist bekannt für seinen sehr physischen Zugriff auf Themen und Figuren. Wie haben Sie selber diese Körperlichkeit in der Theaterarbeit erlebt?
Dalit Bloch Das Jugendtheater hat mir die Körperlichkeit überhaupt

erst eröffnet. Welch ein Luxus, jeden Tag eineinhalb Stunden Körpertraining machen zu können! Der Körper ist das Grundgerüst für alles. Er ist

DER KÖRPER IST DAS GRUNDGERÜST FÜR ALLES. ER IST DAS INSTRUMENT FÜR DEN SCHAUSPIELER.

das Instrument für den Schauspieler.
Was ist das Wichtigste, was Sie aus Ihrer Zeit beim jungen Theater mitgenommen haben?
Dalit Bloch (lacht) Natürlich Dani, meinen Mann! Und die Grundschule des physischen Theaters.
Laurin Buser Das Erschaffen einer Rolle aus sich selber. Diesen Ansatz brauche ich bis heute für meine Arbeit, wo ich eine Rolle bin und doch ich selber.
Daniel Buser Ich habe in den neun Jahren am Basler Jugendtheater meinen Weg als Kulturschaffender gefunden. Unsere Beziehung und unsere Kinder sind daraus erwachsen. Und hier habe ich auch wichtige Abgründe erlebt.
Tabea Buser Durch ‹Morning› wurde mir klar, dass ich Schauspielerin werden will, obwohl das lange Zeit ganz weit weg war – nur nicht das Gleiche machen wie die Eltern! Ich musste elf Mal bei Schauspielschulen vorsprechen, bis es geklappt hat. Beim Hinfahren habe ich jedes Mal geheult: Ich will da gar nicht hin!
Welche Erwartungen haben Sie an heutiges junges Theater?
Tabea Buser Es muss die Kraft und Energie zeigen, die Jugendliche in sich tragen.
Laurin Buser Ich habe meine eigene Jugendlichkeit als Auseinandersetzung mit mir selber in jegliche Richtung erlebt. Mich interessiert beides, Besinnlichkeit und Energie. Die Vielfalt ist riesig. Ich möchte im jungen Theater starke Geschichten mit hohem Unterhaltungswert erleben, wo ich mich jungen Menschen sehr nahe fühle.
Dalit Bloch Junges Theater muss junge Menschen mit jugendlichen Spielerinnen und künstlerischem Anspruch abholen und mit wichtigen Themen konfrontieren.
Daniel Buser Ich glaube nicht, dass junges Theater nur mit jugendlichen Darstellern spielen muss. Erwachse-

RESET – RESEAT – RESEED 2010 Theaterkurs, Leitung: Uwe Heinrich (rechts: Tabea Buser)

PUNK ROCK von Simon Stephens 2010 Regie: Sebastian Nübling (sitzend: Laurin Buser)

ne Rollen können auch von Erwachsenen gespielt werden.
Was soll junges Theater nicht sein? Welche Fallen muss es vermeiden?
Tabea Buser Alles, was zu privat wird. Ich kam im *jtb* nie an diesen Punkt, weder beim Proben noch beim Zuschauen.
Laurin Buser Ich bin hier an Grenzen geführt, aber nicht geschmissen worden, und zwar von Leuten, die genau wissen, was sie machen, und wo man gut aufgehoben ist.
Dalit Bloch Junges Theater muss alles vermeiden, was mit Zeigefingermoral daherkommt. Das Publikum muss sich seine Meinung selber bilden können.

Um mit einer ‹Theaterfamilie› nicht nur vom Theater zu reden: Was hätten Sie sonst noch werden können?
Tabea Buser Apothekerin! Ich bin ja auch in der Schauspielschule die Schulärztin und habe immer für alle Pillen und Kügelchen dabei.
Dalit Bloch Ich hätte wohl Medizin studiert – und dann abgebrochen und genau das gemacht, was ich jetzt als Theaterpädagogin und Regisseurin mache.
Daniel Buser Ich könnte auch Musiker sein. Oder gerne auch Biologe.
Laurin Buser Ich bin ja noch mitten im Prozess. Und der ist alternativlos. ∎

Dalit Bloch arbeitet freiberuflich als Regisseurin, Theaterpädagogin und Coach.
Daniel Buser ist als Schauspieler, Sprecher, Musiker und Kabarettist im Theater sowie für Radio, Film und Fernsehen tätig.
Laurin Buser ist mehrfach preisgekrönter Slam-Poet, Schauspieler und Rapper.
Tabea Buser hat 2017 das Schauspielstudium an der Hochschule der Künste Bern abgeschlossen und steuert ihre ersten professionellen Engagements an.

Das Basler Jugendtheater hat mich zum Theater verführt. Ich habe viel aus dieser Zeit mitgenommen, meinen Blick für den Dialog, das Drama, den Raum und dessen Gestaltung. Ich erinnere mich: Während des ‹Sommernachtstraums› mussten wir zu zweit über Nacht das Zirkuszelt auf dem Kasernenareal bewachen. Eines Nachts brach ein Unbekannter ins Zelt ein. Draussen wütete ein Sturm, drinnen war es stockdunkel, und wir mussten den Eindringling verjagen – lange, bevor der ‹Tatort› Kult wurde.
Bettina Grossenbacher, Spielerin

Das Jugendtheater wurde nicht einfach nur das Gegenteil von Stadttheater: Es war ein Lebensentwurf. In der Villa im Wettstein wurde Zusammenleben geübt. In der Kaserne Zusammenarbeit. In der Stadt Zusammenkunft. Wir träumten von einer anderen Zukunft. Keiner von uns ahnte, dass die Zukunft eines jungen Theaters einmal so aussehen könnte – wir waren einfach nur bereit, nicht nur während der Nächte zu träumen. Sowas brauchen Jugendliche für jede Zukunft.
Hansjörg Betschart, Mitbegründer des Basler Jugendtheaters, Spieler, Autor und Regisseur

Vor vierzig Jahren haben wir nur im Moment gedacht. Ingrid Hammer und ich. Wir haben am Basler Theater ‹Do flippsch uss› als erstes Jugendtheaterstück auf die Kleine Bühne gebracht. Danke, Hans Hollmann! Und dann gab es kein Halten mehr. Es folgte der Aufreger ‹Kasch mi gärn ha› und einige mehr. Schöne Zeit. Meine Lieblingsszene aller Stücke damals war die mit dem Tinguely-Brunnen und Einsamkeit hoch zehn und diese Zirkusnummer und natürlich der Orgasmus auf Rollschuhen … Schön, dass sich in diesen vielen Jahren so viele Menschen um dieses *jtb* bemüht – und es besucht haben, klar. Ein Schauspielkollege, der auf der Grossen Bühne gerade eine Pause hatte, kam zu uns rüber: «Warum können wir das nicht für Erwachsene machen?» Jetzt hör ich auf, sonst werde ich alt.
Helmut Berger, zusammen mit Ingrid Hammer Regisseur der ersten vier Produktionen des Basler Jugendtheaters

Unvergessen die Tage, als wir mit Ingrid und Heli ‹Spilt's e Rolle?› kreierten. In der Mittagspause im Migros-Restaurant dann der Wettbewerb ‹Wer baut den höchsten Salatteller?› Es gab zwei Grössen von Salatschalen. Nun galt es, die kleine Schale mit aufgestellten Brüsseler Spitzen, Gurkenscheiben und Karottenstäbchen zu einem möglichst vielfachen Volumen zu vergrössern. So entstanden wahre Salattürme. Hansjörg war Meister darin. Gegen Ende unserer Arbeit wurde dort der Preis nach Gewicht eingeführt ...
Ueli Jäggi, Spieler

In Erinnerung geblieben sind mir die schier endlosen Konzeptionsgespräche in Küchen und auf Terrassen in verschiedenen personellen Zusammensetzungen. Das ging oft tage- und wochenlang so. Gelernt habe ich dabei, dass es sich dennoch lohnt, geduldig am innersten Kern eines Projekts zu arbeiten, bis die thematischen und formalen Koordinaten stimmen.
Christoph Stratenwerth, Mitbegründer des Basler Jugendtheaters, Regisseur und Dramaturg

Was ich nie vergessen werde: das Zittern vor ‹Do flippsch uss›, der allerersten Produktion des Basler Jugendtheaters (wie das *jtb* in seiner Anfangszeit hiess). Damals gab es noch keine Vorbilder für ein Jugendtheater, in dem professionelle Schauspieler mit Laien zusammenarbeiteten. Alle bekannten Jugendtheater spielten Stücke mit Erwachsenen als Jugendliche. Wird unser neuer Ansatz funktionieren? Es hat funktioniert. Und wie! Nicht nur fürs Publikum – es sind Freundschaften entstanden, die Profis unterstützten ihre jugendlichen Kollegen und wurden umgekehrt von der Spielfreude ihrer jungen Partner mitgerissen. Es wurde ein Fest!
Ingrid Hammer, zusammen mit Helmut Berger Regisseurin der ersten vier Produktionen des Basler Jugendtheaters

Die Proben und Vorstellungen von ‹Goht's no?› im Basler Jugendtheater waren der Funke, der das Feuer zum Brennen brachte. Eine so lebendige, ausgeflippte, innige, sprühende, in die Welt hineinwachsende Zeit. Sie hat mein Leben, meine Theaterarbeit und meine Träume massgeblich beeinflusst. Zum ersten Mal erlebte ich, welche Kraft, ja welche Freiheit dem Theater innewohnen kann. Es war ein Stück verdichtete Lebensutopie, eine quere Gruppe, die zusammenwuchs, meine erste wirklich kollektive Erfahrung.
Anina Jendreyko, Spielerin

1987–1977

1982	**GIMME SHELTER**
1985	**EIN SOMMERNACHTSTRAUM**
1977	**KASCH MI GÄRN HA!**
1987	**DER SCHATTEN**
1980	**HESCH ÖPPIS?**
1982	**SCHISS**
1983	**ZYT ISCH DO**
1984	**HARTI UND ZARTI**
1986	**STURZFLUG**
1987	**WARTEN AUF GODOT**
1987	**DIE ZOFEN**

THE SHELTER von Barrie Keeffe 1982 Regie: Hansjörg Betschart

EIN SOMMERNACHTSTRAUM von William Shakespeare 1985 Regie: Hansjörg Betschart

KASCH MI GÄRN HA von Helga Fehrmann, Jürgen Flügge, Holger Franke 1977 Regie: Helmut Berger, Ingrid Hammer

DER SCHATTEN von Jewgeni Schwarz 1987 Regie: Sigmund Zebrowski

HESCH ÖPPIS? von Hansjörg Betschart 1980 Regie: Hansjörg Betschart, Choreografie: Cuno Schmidlin

SCHISS 1982 Regie: Hansjörg Betschart

ZYT ISCH DO von Peer Lysander, Suzanne Osten 1983 Regie: Paul Christ

HARTI UND ZARTI von Hansjörg Betschart 1984 Regie: Hansjörg Betschart, Paula Roy

STURZFLUG 1986 Regie: Urs Steiner

WARTEN AUF GODOT von Samuel Beckett 1987 Regie: Sigmund Zebrowski

DIE ZOFEN von Jean Genet 1987 Regie: Ingrid Hammer

182 DIESES THEATER IST EINE ÜBUNG IN SACHEN GESELLSCHAFT
DIRK BAECKER

186 «WIR NEHMEN THEATER ALS DAS, WAS ES IST: EINE AGORA»
EIN GESPRÄCH MIT UWE HEINRICH

DIESES THEATER IST EINE ÜBUNG IN SACHEN GESELLSCHAFT

Dirk Baecker

DER SOZIOLOGE UND KULTURTHEORETIKER DIRK BAECKER DENKT ÜBER JUNGE MENSCHEN AUF DER BÜHNE UND DIE BEDEUTUNG DER ARBEIT DES JUNGEN THEATERS BASEL NACH.

■ Ein Mensch auf einer Bühne, dreifach beobachtet, vom Publikum, von seinen Mitspielern, von sich selbst. Stress, Konzentration, Coolness. Komme ich beim Publikum an? Bin ich mit meinen Mitspielern gut koordiniert? Kann ich zu dem stehen, was ich hier mache? Manchen soll es ja helfen, sich auf den Blick des Regisseurs, der Regisseurin zu konzentrieren. Aber dieser Blick blendet die anderen drei nicht aus, sondern lässt sie rotieren, bringt sie durch die Hintertür ins Spiel. Wieder anderen soll es helfen, besonders im Film, sich nur dem Apparat zu präsentieren, der Kamera, dem Licht, dem Ort, der Situation. Das ist schon fast ein Kurzschluss zwischen Massenpublikum und Darsteller, der alle und alles andere zur Staffage macht. Man steht nur da, und ist doch bereits berühmt. Und dann gibt es solche, die agieren auf der Bühne, als seien sie bereits im Film. Das macht es allen anderen schwer, aber auch leicht, denn wer sich selbst derart verwechselt, ist fast schon Requisit, Kulisse, Situation. Wer nur sich selbst darstellt, der oder die wird umspielt, denn mit ihnen spielen kann man nicht. Wenn man auf der Bühne nur darauf achtet, wessen Blicke imaginiert werden, wird es schnell unübersichtlich. Manche helfen sich, indem sie zwei, drei ihnen bekannte Menschen im Publikum anspielen; wieder andere schieben das Spiel mit den geliebten oder gehassten Mitspielern und Konkurrentinnen vor alles andere. Und dann gibt es die, die ganz authentisch einfach sie selbst sind. Aber das können wir ausser Acht lassen, das ist der Gipfel entweder der Naivität oder des Raffinements. Denn niemand ist authentisch, der oder die auch nur für einen Moment Authentizität darstellt. Das gelingt nur, wenn man auf alle Reflexion verzichtet oder aber uneingeschränkt perfekt ist. Im äussersten Fall ist das nicht voneinander zu unterscheiden. Dann haben wir es schon fast mit Naturgeschichte zu tun. Damit müssen wir uns nicht befassen. Das passiert, oder es passiert nicht. Tiere auf der Bühne sind darin perfekt, Menschen nicht.

Mich interessiert der Fall diesseits der Naturgeschichte. Mich interessiert der Fall der Reflexion. Ein Mensch und drei Beobachter, darunter er selbst. Ich halte auch den Regisseur, die Regisseurin erst einmal auf Abstand. Im glücklichen Fall bringt die Regie die drei Beobachter unter sich ins Spiel. Die Regie ist einer zu viel, wenn sie Anweisungen gibt, und zugleich eine zu wenig, wenn ihre Anweisungen fehlen. Im glücklichen Fall ist beides zugleich der Fall; dann liefert die Regie das Material, mit dem die Darsteller nach eigenen Vorstellungen umgehen. Im unglücklichen Fall (Polemiker würden vom Regietheater sprechen) zieht

FLEX 2015 Regie: Suna Gürler (Probe)

die Regie alle Aufmerksamkeit auf sich. Darstellerinnen, Publikum und Mitspieler werden zur Staffage der Ideen der Regie. Im vorliegenden Text jedoch interessiert mich der zugleich beobachtete und beobachtende Mensch, nicht der Automat auf der Bühne.

Im glücklichen Fall gehen Beobachtung und Reflexion Hand in Hand. Das ist im *jungen theater basel* genauso wie andernorts im Theater. Im *jtb* ist dies noch etwas spannender als andernorts, weil hier zur Beobachtung und Reflexion die Erfahrung dieser Beobachtung und Reflexion dazukommen. Jugendliche machen auf der Bühne und im Publikum erstmals Erfahrungen mit dem Theater. Das kann man nicht spielen. Das kann man erst einmal nur geschehen lassen. Das wird, wenn überhaupt, viel später zur Routine und dann selbst zum Material von Beobachtung und Reflexion. Im *jtb* ist diese Erfahrung selbst das Stück.

Das *jtb* ist ein Ort der Erfahrung einer ebenso archaischen wie postmodernen Situation. Auf der Bühne ist der Mensch *zoë* und *bios*, beseeltes Leben und blosses Leben, soziales Wesen und physische Existenz. Wie kann man das genauer beschreiben? Paradoxerweise muss man es erst einmal in gewisser Weise freischaufeln. Deswegen spreche ich von einer Erfahrung.

NIEMAND IST AUTHENTISCH, DER AUCH NUR FÜR EINEN MOMENT AUTHENTIZITÄT DARSTELLT.

Denn in der Moderne, das heisst mit Christentum, Humanismus, Aufklärung, Demokratie und Bildung, hat sich vor dieses *zoë* und *bios* das Individuum geschoben, jenes cartesianische Objekt, das zu sich Ich sagt. Vor aller Geschichte, jenseits jeder Natur, vor aller Technik ist dies das moderne Objekt schlechthin, der Mensch, der zu sich Ich sagt und zu wissen glaubt, wen er damit meint, der Bürger, das liberale Subjekt. Auf der Bühne glaubt er zu sich selbst zu kommen; alle Blicke sind auf ihn gerichtet; die Mitspieler erhöhen seinen Glanz (manchmal stellen sie ihn auch in ihren Schatten); das Publikum agiert wie der antike Chor, wenn auch weitgehend stumm, endlich domestiziert im Applaus am Ende des Stücks.

Schön wär's. Die Erfahrung im *jtb* ist eine andere. Man kommt als hoffnungsvolles modernes Objekt, erfährt sich als schwaches Subjekt und geht als gestärkter Mensch. Man wird aus der sich selbst überschätzenden modernen Individualität herausgeholt, mit der archaischen Situation des Theaters konfrontiert, mit dem Spiel, der Übung, dem Training, dem Ritual, und erfährt: die mediale Abhängigkeit der eigenen Existenz von Beobachtern, darunter man selbst. Ich will nicht behaupten, dass jeder und jede Jugendliche die Erfahrung realisiert, die sie hier machen. Manche verbuchen das Theater umstandslos auf der Seite des souveränen Individuums. Aber

ICH BEWEGE MICH IN DEN ALTERNATIVEN MEINER EXISTENZ.

die Erfahrung machen sie trotzdem. Und wenn sie Glück haben, holt sie sie eines Tages ein.

Die Rede von den Medien führt uns in die Postmoderne. Und, nein, darunter sind nicht nur die Massenmedien von einst, Zeitung, Rundfunk und Fernsehen, und auch nicht nur die sozialen Medien von heute zu verstehen. Sondern ein ‹Medium› ist alles, was sich aus dem Zerfall von ‹Dingen› ergibt und zu neuen ‹Dingen› wieder zusammengesetzt werden kann (siehe Fritz Heider, ‹Ding und Medium›, 1926, Nachdruck Berlin 2005). Diese Einsicht kann man nicht oft genug unterstreichen. Schall ist das Medium von Tönen, Licht das Medium von Dingen, die man sehen kann, aber auch Kunst ist das Medium aller Kunstwerke, Architektur das Medium aller Bauten, Liebe das Medium aller Liebeserklärungen und Macht das Medium jeder erfolgreichen Ausübung von Zwang. Ein sehr allgemeiner Begriff. Und ein Begriff, der immer nur relativ zu den Dingen oder Formen bestimmt werden kann, die in einem Medium möglich sind. Buchstaben als Medium eines Wortes, Worte als Medium eines Satzes, Sätze als Medium eines Textes. Fritz Heider ging so weit zu sagen, dass das Medium jeweils unsichtbar ist und aus Dingen, die in ihm möglich sind, nur indirekt erschlossen werden kann. Ich sehe ein Kunstwerk, habe irgendwie das Gefühl, dass das auch anders und besser geht, nehme es daher in meiner Vorstellung oder auch in Wirklichkeit auseinander, nehme Teile heraus, setze andere Teile ein und schaffe ein anderes, ein neues Kunstwerk: ein Kunstwerk im Medium der Kunst. Jeder Designer geht so vor, aber auch jede Ingenieurin, jeder Politiker, jede Investorin, jeder Lehrer. Sie bewegen sich in ihren Medien, probieren etwas aus, beobachten die Effekte, lassen die Situation vorübergehen und probieren etwas Neues aus.

Man hat die Postmoderne als jene Epoche bestimmt, in der die Fähigkeit zum Umgang mit Medien, auch das Wissen von diesen Medien wichtiger wird als der Glaube an eine Welt, die sich nach Subjekten und Objekten unterscheiden lässt. Diese philosophische Frage muss uns hier nicht interessieren. In unserem Zusammenhang interessiert nur, dass das *junge theater basel* diese Erfahrung der Medien am eigenen Leibe ermöglicht. An diesem

WAS AUCH IMMER MAN HIER SPIELT, NIMMT MAN MIT INS LEBEN.

Punkt kommen die Beobachter ins Spiel. Die Beobachter beobachten mich, und ich beobachte meine Beobachter. Beobachtung zweiter Ordnung! Wie in dem berühmten Bild der Kraniche, die hintereinander herfliegen, um sich beim Fliegen zu beobachten. Und was passiert? Die Beobachter, unter denen ich einer bin, rechnen mein Tun und Treiben,

MEHR – WERT 2006 Theaterkurs, Leitung: Uwe Heinrich

EIGENTLICH 2013 Theaterkurs, Leitung: Uwe Heinrich

mein Zögern und Unterlassen auf der Bühne zurück auf wenige Medien. Das beginnt mit der scheinbar einfachsten Geste. Ich hebe den Arm, mache einen Schritt nach vorne, wende mich leicht zur Seite – und die Situation ändert sich, meine Mitspieler reagieren auf mich, das Publikum wird unruhig, ich selbst stelle fest, dass ich mich auf eine Geschichte eingelassen habe. Wie komme ich da wieder raus? Richtig, ich nutze die Medien. Ich lasse die Geste ‹zerfallen›. Das heisst, ich lasse Zeit vergehen, einen Moment oder mehrere, und wiederhole die Geste oder wähle eine andere. Ich verwandle mein eigenes Handeln, aber auch mein Erleben, in ein Medium seiner selbst. Ich bewege mich in den Alternativen meiner Existenz. Die entscheidende Erfahrung ist, dass dies ohne die genannten Beobachter nicht passieren würde.

Der Mensch auf der Bühne ist umstellt von lebendigen Spiegeln, die ihn vergrössert, verkleinert, verzerrt auf sich selbst zurückwerfen. Er muss sich behaupten. Aber er hat nichts anderes als diese Medien, seinen Körper, seine Person, seine soziale Umgebung und die Natur und die Technik seiner materiellen Umgebung. Man würde sich gerne auf diese Medien stützen. Und man tut es auch. Aber es ist kein fester Boden, auf dem man steht. Es ist ein Entwurf, der davon abhängig ist, wie ich mich zu meinen Beobachtern und diese sich zu mir verhalten. Nichts an dieser Beobachtung ist passiv. Alles ist aktiv. Schon das Hinschauen, eine weitere Geste, verändert die Situation und verändert meine Aussichten in dieser Situation. Man kann eine Geste ausprobieren und schauen, wie die Person darauf reagiert. Man kann die Körper im Raum verschieben und testen, ob die Kommunikation dann leichter wird. Man kann die Kulissen von der Bühne entfernen (oder weitere aufstellen), das Licht dimmen (oder aufblenden), die Musik abstellen (oder auswechseln), das Publikum auf die Bühne holen (oder auf Matratzen lagern lassen) und so weiter und so fort – und immer wieder überprüfen, wie es allen Beteiligten dabei geht.

Theater ist Spiel im Medium sowohl der Beobachtung zweiter Ordnung als auch der komplexen Verknüpfung von Medien. Im *jungen theater basel* ist dies an der Schwelle zur Professionalität an der Körperlichkeit und Persönlichkeit aller Beteiligten hautnah zu erfahren. Dieses Theater ist eine Übung in Sachen Gesellschaft. Was auch immer man hier spielt, nimmt man mit ins Leben. ■

Prof. Dr. Dirk Baecker lehrt Soziologie und Kulturtheorie an der Universität Witten/Herdecke und lebt in Basel.

«WIR NEHMEN THEATER ALS DAS, WAS ES IST: EINE AGORA»

GESPRÄCH MIT **UWE HEINRICH**, DEM HEUTIGEN LEITER DES JUNGEN THEATERS BASEL, ÜBER DAS GROSSE IM KLEINEN, DIE WICHTIGKEIT MORALISCHER FRAGEN, DIE GENERATION CHILL, DAS SUBVERSIVE POSING UND DAS PÄDAGOGISCHE AM UNPÄDAGOGISCHEN

■ Uwe Heinrich, Sie sind Dramaturg und Leiter dieses Hauses und machen fast alles: Sie setzen die Themen der Produktionen fest, wählen Stück, Regie und Spielende aus, sind Dramaturg, Produzent und Kursleiter, Sie führen die Einstimmungen und Nachbereitungen mit Schulklassen durch, sind in Personalunion Billettkasse, Tourneemanager, Barkeeper und vieles mehr. Das bedeutet neben viel Arbeit einerseits auch viel Macht und Verantwortung in einer Hand gebündelt – und andererseits wird ein Grossteil der künstlerischen und administrativen Arbeit in diesem Haus im Kollektiv und damit quasi ohne Hierarchie erbracht. Wie finden Sie persönlich die Balance in dieser Vielfalt? Knirscht es nicht manchmal im Gebälk?

Das Haus ist so klein, dass es möglich ist, ganz viel selber zu machen – deshalb hat es auch diese Ausstrahlung von Ganzheitlichkeit. Es gibt eigentlich wenig Reibungspunkte, und die Vermittlung zwischen den verschiedenen Tätigkeitsbereichen braucht nicht viel Zeit oder lange Wege, sondern vor allem ein menschliches Miteinander. Es gibt wirklich kaum eine Hierarchie. Jeder macht, was er kann und muss. Ich bin halt sehr vielfältig interessiert, und da mir alles, was Sie aufgezählt haben, Spass macht, versuche ich auch, es umzusetzen.

Sind Sie eine multiple Persönlichkeit?

Definitiv nicht ohne Grenzen. Dinge, die ich nicht kann, mache ich nicht. Das ist ein Prinzip. So wird es zum Beispiel am *jtb* kein Musical geben. Das können andere besser. Ich suche nach Dingen, die man originär nur am *jtb* machen kann. Da ich zum Glück kein Künstler bin, aber künstlerischen Prozessen sehr nahestehe, kommt es sowieso immer zu einer Mischung: Was interessiert mich – und was ist möglich? Künstler müssen sich ja immer herausfordern und das Unmögliche machen. Ich konfrontiere mich gerne mit Künstlerinnen und Jugendlichen, denen ich zugestehe, dass sie eine Hybris haben, die ich dann aber sortieren muss und sagen darf, was geht und was eher nicht.

Was sind Sie denn am ehesten?

Zunächst mal bin ich Theaterpädagoge. Und dass ich mit dieser Funktion eine so zentrale Rolle in einem Kunstbetrieb ausüben kann, ist für mich ein unglaubliches Geschenk. Den theaterpädagogischen Blick würde ich immer über alles stellen, mit dem mache ich eigentlich alles. Das heisst, es geht immer um die Spielenden *und* um das Publikum.

Welches sind Ihre Kriterien für die Themensetzung bei den Produktionen?

Dass ich selber etwas daran zu beissen habe. Dass ich beim Leben mit jungen Menschen und der Beschäftigung mit der Welt merke, da ist etwas, das mich piekst und das Jugendliche hoffentlich auch herausfordert und wo wir gemeinsam etwas untersuchen können. Das Wunderbare an

LOSLEGEN! SICH ETWAS AUSSETZEN! DAS IST MIR EIN EXTREM WICHTIGES ANLIEGEN.

diesem Beruf ist ja, dass ich mich immer wieder ganz neuen Dingen widmen kann. Ich bin zum Beispiel absolut kein Fussballfan, aber für das Klassenzimmerstück ‹Der 12. Mann ist eine Frau› habe ich mich sechs Monate lang mit dem FCB und der Fankultur beschäftigt und habe dabei viel erfahren. Jetzt verdrehe ich nicht mehr die Augen, wenn wieder mal die halbe Stadt versperrt ist. Es ist einfach grandios, sich immer wieder in neue Themenfelder stürzen zu können. Und in den Theaterkursen habe ich permanent die Möglichkeit, diese Themensetzungen mit den Jugendlichen zu überprüfen.

Was gibt viel Arbeit – und kein Schwein sieht es? Wo hockt die versteckte, quasi die graue Energie in Ihrem Haus?

Es gibt unglaublich viel Verwaltungsarbeit, und dazu gehört auch das

Networking. Man muss an vielen Orten präsent sein, sich zeigen und mit Leuten reden, lokal und national, denn letztlich trägt sich das Haus ganz stark über die Netzwerke. Jugendtheater ist ein enges Segment; man muss sich permanent bemühen, darauf hinzuweisen. Das kostet viel Kraft.

Welches Bild von Jugend haben Sie? Braucht man ein solches Bild in dieser Tätigkeit? Und wie hat es sich verändert im Laufe Ihrer Tätigkeit?

Ich habe ein sehr dynamisches Bild von Jugend. Ich möchte aktive, interessierte Jugendliche fördern und auf der Bühne zeigen. Ich finde Handeln ganz wichtig. Bei jedem Tun macht man Fehler – aber man überlebt sie. Loslegen! Sich etwas aussetzen! Das ist mir ein extrem wichtiges Anliegen. Wobei Jugendliche, die in die Theaterkurse kommen, mit diesem Schritt genau das ein wenig machen.

Erleben Sie Jugendliche denn immer so aktiv?

Ich begegne heute auch Chillern, die gern hängen und dabei eine starke Form von Hedonismus entwickeln. Aber wenn ich darüber hinwegschaue, dass mich das persönlich nervt, und es positiv zu betrachten versuche, dann kann ich vielleicht auch sagen, dass diese Jugend sich nicht so hineinziehen lässt in den kapitalistischen Verwertungsmecha-

Uwe Heinrich beim Reinigen der Reifen für das Bühnenbild von TSCHICK 2012 Regie: Suna Gürler

WAS MICH TRAURIG MACHT, IST DIE ZUNEHMENDE DOMINANZ DES ÄUSSEREN SCHEINS, DES LOOKS.

nismus. Aber da Chillen ja meistens kein reflektierter Vorgang ist, bleibt es mir trotzdem suspekt. Handeln und nach Veränderungsmöglichkeiten suchen finde ich einfach interessanter, lebendiger. Dazu braucht es ein gewisses Selbstvertrauen, einen Energie-Level, und an diesem Selbstbewusstsein arbeiten wir auf der Probe, um noch mehr ausprobieren zu wollen.

Vom Neurobiologen Gerald Hüther stammt der Satz: «Wir müssten ein bestimmtes Bild von uns selbst haben und feststellen, dass dieses Bild nicht mit dem übereinstimmt, wie wir täglich handeln.» Also: Wie sehe ich mich, und wie handle ich wirklich? Dieser Weg zum Handeln interessiert mich. Da ist man sofort bei dem, was junges Theater für mich so reizvoll macht: Man tauscht sich mit Jugendlichen aus, die sich solchen Fragestellungen viel mehr aussetzen als Erwachsene, die schon stärker eingebunden sind und moralische Fragen nicht mehr frei angehen. Darum arbeite ich – als Erwachsener – so gern am *jtb*.

Wie halten Sie sich selber frisch für das Thema Jugend?

Ich denke, ich bin mit den Leuten sehr direkt, nehme viel von ihnen auf und gebe auch zurück. Und da ich berufsbedingt so oft von Jugendlichen umgeben bin, ergibt sich da ein tägliches Hin und Her. Die Selbstverständlichkeit ist wichtig. Das ist keine Arbeit für mich.

Warum keine Arbeit?

Weil die direkte Begegnung für mich ein Lebenselixier ist. Man könnte mich auch ins Seniorenheim stellen, und ich würde mich sofort verbinden. Ich habe wohl ein ausgeprägtes Neugier-Gen und sauge wahnsinnig gerne auf. Wie ein Schwamm, porös und durchlässig. Mit wenig Anstrengung kommt auch immer wieder was raus. Es ist nicht meine eigene Substanz. Als Schwamm mische ich da Sachen in mir.

Wo haben Sie Ihrerseits das Bedürfnis, sich mit herrschenden Jugendtrends, der Konstruktion jugendlicher Selbstbilder anzulegen?

Was mich traurig macht, ist die zunehmende Dominanz des äusseren Scheins, des Looks. Deshalb müssen bestimmte feministische Themen, die man fast schon meinte abhaken zu können, wieder intensiv besprochen werden. Da läuft einiges in eine ganz falsche Richtung. Dass es heute wesentlich ist, ein vorteilhaftes Bild von sich gepostet zu haben und dafür soundso viele Likes zu bekommen, das finde ich sehr bedauerlich. Obwohl ich selber jemand bin, der Bilder sehr mag. Aber ich versuche zu reflektieren und nicht der affirmativen Normierung zu erliegen.

Erleben Sie das auch in der Probe, auf der Bühne? So im Stil: Wie wirke ich in meiner Rolle möglichst cool, sexy, verwegen?
Ja klar. Aber da gibt es dann die Möglichkeit, Widerstandskraft daraus zu entwickeln. Kürzlich habe ich zum Beispiel ein Spiel aus dem Alltag übernommen: Willst du mal ein richtig schlechtes Bild von mir sehen? So was verschickt man normalerweise nur per Snapchat, wo die Bilder nach wenigen Sekunden wieder gelöscht werden. Und jetzt machen die Spielenden das live in der Kurspräsentation vor hundert Leuten. Diesen Spass muss man freisetzen. Dann kommt die Lust, gegen das perfekte Bild anzugehen.

Gab es dieses Posieren nicht schon immer?
Früher haben wir diese Model-Posen in den Kursen geübt, bis sie wirklich cool aussahen. Und im spielerischen Imitieren fand die kritische Reflexion statt. Das geht heute nicht mehr, denn alle kommen schon mit diesem fixfertigen, verinnerlichten Posing, und du musst brutal dagegen angehen, dass sie nicht immer genauso aussehen wie in den Modejournalen. Aber man kann da einen draufsetzen, mit Ironisierung und Übersteigerung, damit es lesbar wird als bewusster Vorgang. Das ist eine Riesenarbeit, macht aber auch Spass.

Lassen sich die jungen Menschen diese optischen Vorbilder, die sie so sehr lieben, wirklich zersetzen?
Extrem gerne. Denn eigentlich finden sie's ja blöd. Sie möchten lieber viel individueller sein. Aber man verfällt dieser optischen Dauerberieselung so leicht. Es ist für sie wirklich eine Erleichterung, dem etwas Eigenes entgegensetzen zu können.

Welche Fragen im Bereich Jugend treiben Sie aktuell sonst noch um?
Diese Multioptionsgesellschaft, die ja in Wirklichkeit ein Fake ist, die so tut, als sei alles möglich: Das wird heutigen Jugendlichen versprochen, damit werden sie gross, und daran leiden sie dann. Sie wissen nicht, was sie machen sollen. Das korrespondiert mit dem, was ich am Anfang gesagt habe, dass ich gerne Jugendliche als Handelnde zeigen möchte. Aber

DIESE MULTIOPTIONS-GESELLSCHAFT IST JA IN WIRKLICHKEIT EIN FAKE.

wenn sie wie das Kaninchen vor der Schlange hocken und sich für gar nichts entscheiden, kann das schon sehr nervig sein. Ich bin sehr daran interessiert, dass man gegenüber einer Idee, einer Gruppe, gegenüber sich selbst verbindlich ist. Dass man Entscheidungen trifft und auch dazu steht. Nicht dogmatisch. Aber schon auch mal was durchzieht.

Wie verhindern Sie, dass man als Erwachsener den Jugendlichen sein eigenes Bild von Jugend überstülpt?
Da ich permanent mit so vielen Jugendlichen zu tun habe, zerstört sich das Bild von ‹der Jugend› fortlaufend selbst.

Von Publikum und Presse wird das *jtb* ja meist förmlich überhäuft mit Lob für die stupende Agilität, Energie und Authentizität, die sein Ensemble regelmässig ausstrahlt. Es gibt – zum Glück, möchte man fast sagen – hin und wieder auch kritische Stimmen. So spricht zum Beispiel Ihre verdiente Vorgängerin als Leiterin des *jtb*, Heidi Fischer, im Interview (siehe Seite 69) auch von der «verzappelten Tristesse», die sie nicht so schätzt, und dass es für sie «immer auch mindestens einen Spalt breit Hoffnung braucht». Und nach der Premiere von ‹Morning› von Simon Stephens fragte sich zum Beispiel eine Kritikerin in der ‹Tageswoche›: «Ist der Grad der Verstörung des Zuschauers, das beständige Übertreten der Schmerzgrenze, per se eine

ICH BI WÄG! 2011 Theaterkurs, Leitung: Uwe Heinrich, Laura Simma

SHIFTERS – OR – ALL ABOUT MY HAMSCHTER 2017 Theaterkurs, Leitung: Uwe Heinrich

Messlatte oder gar ein Gütesiegel für die Qualität jungen Theaters?» Wie gehen Sie mit solcher Kritik um?
Ich fürchte nicht, dass wir zu viel Tristesse anbieten. Das hat aber auch mit dem zu tun, was man trist findet. Probleme sind für mich nicht per se traurig. Ich schaue das eher als Herausforderung an, gehe da lieber drauf zu. Es ist ein derartiges Glück, zu diesem Zeitpunkt in diesem Land leben und arbeiten zu dürfen, dass mir viele Erschwernisse wie Luxusprobleme vorkommen – damit man überhaupt

PROBLEME SIND FÜR MICH NICHT PER SE TRAURIG. ICH SCHAUE DAS EHER ALS HERAUSFORDERUNG AN, GEHE DA LIEBER DRAUF ZU.

sieht, welche Päckchen es auch hier zu tragen gibt, braucht es im Theater schon eine gewisse Drastik. Und die ist gestaltet, mit Bewegung, Energie, Musik, und wird dadurch Kunst. Ehrlich gesagt, falle ich jedes Mal aus allen Wolken, wenn man unsere Produktionen als zu heftig, zu zugespitzt, zu drastisch wahrnimmt. Ich bin ja alles andere als ein Liebhaber von Gewalt. Aber so ein Weichei ich im realen Leben bin, so drastisch darf's für mich im Versuchsfeld Theater sein.

Dient das ausgeprägte Energie-Label, das vom *jtb* intensiv gepflegt wird, manchmal auch einer Überwältigungsdramaturgie zu, einer gewissen Konsumierbarkeit, und kompensiert nebenbei ganz wirkungsvoll die technischen Defizite, die jugendliche Laien im Spiel zwangsläufig haben? Kommen durch diesen Overdrive vielleicht auch allzu supercoole Figuren über die Bühne, die wieder neue Rollenbilder verfestigen?
Ich kann als Zuschauer mit dieser Energie viel anfangen, weil ich den Eindruck bekomme, die verausgaben sich hier und jetzt genau für mich und schonen sich nicht. Da passiert etwas, das einen explizit anderen Energie-Level hat als das sogenannt normale Leben. Natürlich ist das ein Wirkungsmechanismus, klar. Aber wir interessieren uns in der Arbeit sehr für die Verbeulten, die Nerds und Widerborstigen. Doch auch der Nerd muss vor dem Publikum bestehen. Wenn wir eine Lanze für ihn brechen wollen, dann muss er irgendwie cool rüberkommen, sonst wird ihm nicht zugehört. Ich will definitiv nicht Marthaler für Jugendliche machen – so toll ich ihn persönlich finde.

Manche Dramaturgen wollen irgendwann selber Regie führen. Hat Sie das nie gereizt?
Ganz zu Beginn meiner theaterpädagogischen Laufbahn schon, aber das ist völlig weg. Ich habe keine künstlerischen Visionen, die ich umsetzen muss. Jedes Konzept würde ich sofort umschmeissen für das, was von den Jugendlichen kommt. Ich habe gar nicht genug Interesse an meinen eigenen Ideen. Und auch das Rumfeilen, bis es irgendwie stimmt, interessiert mich zu wenig; ich habe dafür auch nicht genügend Geduld. Die Kreativität des Theaterpädagogen

liegt mehr in der sozialen Plastik, er muss die Fähigkeit haben, Menschen mit der Hilfe von Theater untereinander zu verbinden. Die Regisseurin hingegen muss etwas schaffen, was die Bühne und den Zuschauerraum verbindet.
Gibt es Grenzen im jungen Theater, für die Sie sich verantwortlich fühlen? Ich frage mich immer, was genau erzählen wir mit dem Stück und den theatralen Mitteln, die wir einsetzen. Eine Grenze wäre sicher die Heroisierung von Gewalt.
Sie identifizieren sich sehr mit dem Haus, und das Haus wird durch Ihre langjährige und vielfältige Tätigkeit auch sehr mit Ihnen identifiziert. In allen Gesprächen, die ich für dieses Buch und darüber hinaus geführt habe, nehmen die Leute immer wieder Bezug auf Sie: Er ist total präsent / ein wahrer Workaholic / extrem der Sache und den Menschen zugewandt / ein unermüdlicher Herausforderer und Kritiker mit einem unglaublich sicheren Blick / der ist gar nicht immer freundlich, sondern manchmal recht harsch, aber immer für die Sache, nie gegen Personen, und jederzeit absolut unkorrumpierbar. Es ist eine Hymne, und man könnte sie fortsetzen. Wie schaffen Sie diese erstaunliche Balance zwischen Nähe und Distanz? Dazu kann ich nicht viel sagen. Es ist eigentlich gar keine Balance. Es ist einfach mein Leben.
Wie verhindern Sie, in der Wiederkehr des tendenziell Gleichen oder Ähnlichen bei Jugendthemen mit der Zeit auszubrennen oder sediert zu werden? Identität ist immer wieder ein Thema, ob man Jugendliche oder Erwachsener ist. Und die gesellschaftlichen Verhältnisse bringen immer neue Blickwinkel drauf. Wir haben ja schon lange keines dieser sprichwörtlichen Stücke mehr über ‹schwanger mit 17› gebracht. Ich sehe eigentlich kaum das Gleiche.
Worauf liegt der Fokus in den Theaterkursen des *jtb*? In den Kursen bezahlst du dafür, dass du den Weg zu dir selber machst. Mir ist wichtig, dass diese Kurse etwas mit Arbeit zu tun haben. Du lernst im Kurs nicht, wie man eine Rolle spielt, aber du lernst, wie du dein Ich als eine Rolle präsentierst und damit das Theater als das nimmst, was es ist:

WIR INTERESSIEREN UNS SEHR FÜR DIE VERBEULTEN, DIE NERDS UND WIDERBORSTIGEN. DOCH AUCH DER NERD MUSS VOR DEM PUBLIKUM BESTEHEN.

nämlich eine Agora, auf der du deine Meinung so laut und öffentlich artikulierst, dass jemand hinterher etwas dazu erwidern kann. Und weil du das in einer Gruppe ausprobieren musstest und dafür eine Form gefunden hast, hast du auch ein anderes Standing, damit umzugehen, und kannst Positionen anders verhandeln.
Wie passiert die Themenfindung in diesen Kursen? Zum Abschluss gibt es ja jeweils eine Kurspräsentation mit drei Vorstellungen vor je etwa hundert Personen. Da muss man schon etwas zu erzählen haben.
Die Themen kommen immer von den Teilnehmenden, indem wir das erste Vierteljahr hindurch spielen, reden, improvisieren und so herausfinden, woran liesse sich gemeinsam ein Interesse finden. Das muss man herausschälen. Ich schaue, wo gibt es Meinungen, vor allem konträre Meinungen, denn Theater ist ja immer Konflikt. Die Dramaturgie sollte eine der gegensätzlichen Standpunkte sein. In den Kursen sind die Themen sehr viel ähnlicher als in den Produktionen.
Es fällt auf, dass in diesen Kursen immer sehr viel mehr Mädchen mitmachen als Jungs, etwa im Verhältnis 4:1 oder gar 5:1. Haben Sie eine Erklärung dafür?
Mädchen dürfen sich in unserer Gesellschaft etwas mehr mit sich selber auseinandersetzen. Jungs werden auf Leistung getrimmt, Mädchen mehr auf ‹soziales Wesen› hin orientiert. Sie wollen darum auch eher etwas in der Gemeinschaft untersuchen. Die sieben Jungs aus der Tanztheaterproduktion ‹Männer› (2014) zum Beispiel hatten zwischenmenschlich während der gesamten Probenzeit wenig miteinander zu tun. Erst nach der Premiere, als es ein Erfolg geworden war, sind sie plötzlich auch menschlich zusammengekommen – und seither unschlagbar als Gruppe. Es ist nicht cool für Jungs, sich in einer ungeschützten Situation zu zeigen. Mein Lieblingswort für die Proben ist ‹nachjustieren›. Das ist für Jungs nicht üblich, Mädchen können das besser. Ich erlebe Jungs produktfixiert, Mädchen können dem Prozess viel mehr abgewinnen.
Selbstverständlich spielt Sexualität in verschiedensten Ausprägungen immer wieder eine grosse Rolle in den Produktionen und Kurspräsentationen des *jtb*. Wenn man mit Spielerinnen spricht, betonen viele den ungemein wohltuenden Prozess des «Entschämens», der da stattfindet. Andererseits kommen nicht selten auch Lehrpersonen auf Sie zu und sagen, es wäre doch wieder mal toll, ‹Kasch mi gärn ha›, den Aufklärungsklassiker, zu bringen, mit dem das *jtb* 1977 und 1990 legendäre Triumphe gefeiert hat. Was halten Sie von einem Remake für heute?
Weil wir immer danach suchen, welche Fragen Jugendliche beschäftigen und welche Haltungen sie dazu einnehmen, kommt das Thema Sexualität logischerweise ständig auf den Tisch. Es wäre sehr seltsam, wenn es anders wäre. Und es ist toll, denn man kann so viele verschiedene Haltungen dazu einnehmen. Aber mit ‹Kasch mi gärn ha› muss man heute niemanden mehr aufklären. Das Stück ist auch viel zu einfach. Es gibt heute schon allein diese binäre Denk-

struktur nicht mehr. Der Grundgestus des Stücks ist ja: Da sind welche, die wissen, wie's geht, und die erzählen den anderen das jetzt. Und das ist etwas, was heute gar nicht mehr geht – oder was ich auf jeden Fall nicht machen möchte. Ich möchte viel lieber eine komplizierte Geschichte zu Sexualität oder einen komplexen Aufriss von Themen, aus dem man sich dann selber etwas rausziehen kann.

Sie machen auch viele Einstimmungen und Nachbereitungen zu den Stücken für Schulklassen. Lohnt sich der Aufwand, gemessen am Ertrag?
Da ist jede einzelne Stunde hochgradig wertvolle und gut investierte Zeit. Die heutigen Jugendlichen sind *digital natives*, aber keine *theatre natives*. Theater funktioniert eben anders, und es gibt da im Gespräch einiges zu klären und zu vertiefen, vor allem natürlich inhaltlich. Ich mache diese Arbeit unglaublich gern, weil ich dadurch auch ganz direkt erlebe, was eine Aufführung auslöst.

Das *jtb* wird mit seinen Produktionen oft zu Gastspielen eingeladen, Sie waren mit Ihrer Truppe schon in Wien, Berlin, Gdansk, Amsterdam, Chur, Genf, Dresden, Linz, Halle und an vielen weiteren Orten. Welche Bedeutung haben diese Gastspiele für das *jtb*?
Das ist die Sahne auf dem Kuchen. Für die Spielerinnen ist es die Kür, nach fünfundzwanzig Vorstellungen vor dem komplett unsentimentalen Publikum im eigenen Haus auch noch für ein ausgesuchtes und anspruchsvolles Festivalpublikum spielen zu dürfen, das auch abgefahrene Sachen sehen will. Dieses gemeinsame Unterwegssein ist unglaublich toll und wichtig für die Gruppe. Ein Horror ist es nur für unsere Technik, die in völlig anderen Räumen superschnell alles neu einrichten muss.

Wie positioniert sich das *jtb* gegenüber der Jugendabteilung des Theaters Basel? Ist das eine Konkurrenz für Sie?

Uwe Heinrich im Stadion bei der Recherche zu DER 12. MANN IST EINE FRAU
2006 Regie: Sebastian Nübling, Lars Wittershagen

Wir fischen zurzeit in verschiedenen Teichen. Die Jugendclubs am Theater Basel sind literarischer orientiert, arbeiten sich mehr an kulturellen Grössen ab. Wir sind thematischer und zeitgenössischer ausgerichtet. Der entscheidende Unterschied ist aber, dass die Arbeit mit Jugendlichen ganz im Zentrum steht. Bei uns gibt es nichts Wichtigeres.

Das *jtb* wird vollständig von Basel-Landschaft subventioniert. Dessen Bildungs- und Kulturdirektorin hat letztes Jahr angekündigt, die Kulturpauschale, aus der auch die Gelder fürs *jtb* kommen, um fünfzig Prozent zu kürzen. Was bedeutet das fürs *jtb* in den nächsten Jahren?
Mit der Hälfte des Geldes liesse sich das bisherige Angebot nicht einmal ansatzweise realisieren. Das *jtb* würde in dieser Art also nicht mehr existieren können. Das Wichtigste in den nächsten Jahren wird sein, dass die vielen anerkennenden Worte, die das *junge theater basel* von Politikern beider Kantone bisher erhalten hat, auch in Zahlen umgesetzt werden.

Zum vierzigsten Geburtstag haben Sie von den Theatergöttinnen mindestens drei Wünsche frei.
1. Mehr Ressourcen für die Vermittlungsarbeit an Schulen; 2. mehr Raum für die ehemaligen Spielenden der Produktionen, damit sie sich in eigenen Projekten weiterentwickeln können; 3. einen neuen Namen für das *junge theater basel*, damit wir nicht immer für die Jugendabteilung des Theaters Basel gehalten werden – was auch nach vierzig Jahren Eigenständigkeit noch passiert, selbst aus dem Mund von Kulturpolitikern. ■

Uwe Heinrich (*1965 in Dresden) ist seit dem Jahr 2000 Leiter des *jungen theaters basel* sowie Dramaturg und Kursleiter. 2008 wurde er für seine Tätigkeit am *jtb* mit dem Kulturpreis des Kantons Basel-Stadt ausgezeichnet.

PRODUKTIONEN

16.06.2017
SHIFTERS - OR - ALL ABOUT MY HAMSCHTER (KURSPRÄSENTATION, KP)
Leitung: Uwe Heinrich
....

09.06.2017
TOTE KÜKEN (KP)
Leitung: Katarina Tereh
....

02.06.2017
WAS WATCHISCH? (KP)
Leitung: Uwe Heinrich, David Speiser
....

26.05.2017
FAIROOOO (KP)
Leitung: Christian Müller
....

24.03.2017
ZUCKEN
von Sasha Marianna Salzmann
Regie: Sebastian Nübling

....

24.09.2016
WOHIN DU MICH FÜHRST
nach David Grossman
Regie: Suna Gürler

....

03.06.2016
DAS PROGRAMM (KP)
Leitung: Uwe Heinrich, David Speiser
....

27.05.2016
ICH REGLE, ALSO BIN ICH (KP)
Leitung: Christian Müller
....

20.05.2016
2TUUSIG&OUT (KP)
Leitung: Uwe Heinrich
....

12.05.2016
MELANCHOLIA
Inszenierung: Sebastian Nübling, Ives Thuwis-De Leeuw

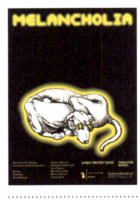

06.05.2016
FIEBER (KP)
Leitung: Katarina Tereh
....

05.12.2015
FLEX
Regie: Suna Gürler

17.06.2015
NOISE
Regie: Sebastian Nübling

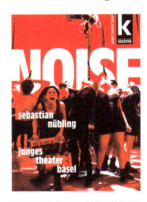

....

29.05.2015
KAPSAR (KP)
Leitung: Katarina Tereh
....

22.05.2015
ZWIEBEL-PFIRSICH (KP)
Leitung: Uwe Heinrich
....

15.05.2015
ECHTZEIT (KP)
Leitung: Uwe Heinrich
....

08.05.2015
UNERMESSLICH (KP)
Leitung: Christian Müller
....

06.12.2014
STROM
von Jacob Aaron Estes
Regie: Suna Gürler

07.09.2014
CAMP CÄSAR
von Tim Staffel
Regie: Daniel Wahl,
Choreografie: David Speiser

20.06.2014
RISIKOGRUPPE (KP)
Leitung: Uwe Heinrich
....

13.06.2014
HASHTAG (KP)
Leitung: Uwe Heinrich
....

06.06.2014
GEMEINSAM EINSAM (KP)
Leitung: Christian Müller
....

20.05.2014
MUSTERMENSCHEN (KP)
Leitung: Katarina Tereh
....

15.02.2014
MÄNNER
Choreografie:
Ives Thuwis-De Leeuw

20.12.2013
DIE KLASSE
von François
Bégaudeau
Regie:
Sebastian Nübling

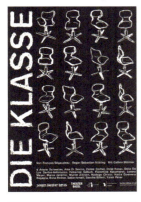

07.06.2013
**NIT DO!
NIT JETZT! (KP)**
Leitung: Uwe Heinrich

31.05.2013
MENSCH, KIND! (KP)
Leitung: Suna Gürler

24.05.2013
EIGENTLICH (KP)
Leitung: Uwe Heinrich

17.05.2013
**Ï¢# B! ÑØ®/V\ÃL !!!
(ICH BI NORMAL!!!)
(KP)**
Leitung:
Christian Müller

26.01.2013
MORNING
von Simon Stephens
Regie:
Sebastian Nübling

03.11.2012
TSCHICK
nach Wolfgang
Herrndorf
Regie: Suna Gürler

22.06.2012
EKTOVITAL (KP)
Leitung:
Christian Müller

08.06.2012
D3I:NZ (KP)
Leitung: Uwe Heinrich

01.06. 2012
**EIN KLEINER
EGO-TRIP (KP)**
Leitung: Suna Gürler

25.05.2012
**NIGHTMARE IS MY
WAY (KP)**
Leitung: Uwe Heinrich

10.12.2011
SAND
Inszenierung:
Sebastian Nübling,
Ives Thuwis-De Leeuw

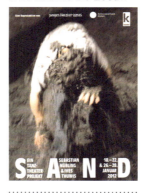

15.10.2011
FAUST JR.
Regie: Matthias Mooij

24.06.2011
ERMUTIGUNG (KP)
Leitung: Uwe Heinrich

20.06.2011
ICH BI WÄG! (KP)
Leitung: Uwe Heinrich,
Laura Simma

27.05.2011
DUMMOKRATIE (KP)
Leitung:
Christian Müller

20.05.2011
HÜT NID MORN (KP)
Leitung: Suna Gürler

30.04.2011
UNTENRUM
Regie: Suna Gürler

19.03.2011
KEI ABER!
Choreografie:
Ives Thuwis-De Leeuw

18.09.2010
PUNK ROCK
von Simon Stephens
Regie:
Sebastian Nübling

18.06.2010
**RESET – RESEAT –
RESEED (KP)**
Leitung: Uwe Heinrich

11.06.2010
**FRISS ODER STIRB
(KP)**
Leitung:
Christian Müller

28.05.2010
LETZTER SEIN (KP)
Leitung: Sinje Homann,
Katarina Tereh

06.02.2010
SCHAM
nach ‹Frühlings
Erwachen› von
Frank Wedekind
Regie: Matthias Mooij

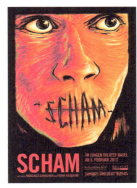

19.06.2009
THE POINT OF NO RETURN – DO HILFT AU KEI BÜMPLI (KP)
Leitung: Uwe Heinrich

12.06.2009
POLPOSITION (KP)
Leitung: Eva Rottmann

05.06.2009
INVISIBLE (KP)
Leitung: Uwe Heinrich, Laura Simma

06.05.2009
DEAR WENDY
nach Lars von Trier
Regie: Sebastian Nübling

22.11.2008
STRANGE DAYS, INDEED
Choreografie: Ives Thuwis-De Leeuw

13.06.2008
VERFOLGUNGSJAN (KP)
Leitung: Uwe Heinrich, Christian Müller

06.06.2008
HUMANUPGRADES (KP)
Leitung: Uwe Heinrich

30.05.2008
KOMPLEXANNAHME-STELLE (KP)
Leitung: Uwe Heinrich

08.03.2008
ZWISCHENJAHR
Regie: Markus Gerber

22.09.2007
NEXT LEVEL PARZIVAL
von Tim Staffel
Regie: Sebastian Nübling

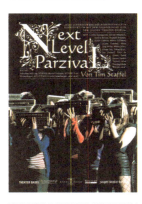

01.06.2007
DELETE YOURSELF (KP)
Leitung: Uwe Heinrich

24.05.2007
EMOTION STUDIES (KP)
Leitung: Aurèle Ferrier

18.05.2007
BODYSURFER (KP)
Leitung: Uwe Heinrich

17.03.2007
S'CHUNNT SCHO GUET
von Mats Wahl
Inszenierung: Tabea Martin, Matthias Mooij

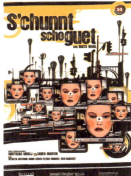

15.11.2006
DER 12. MANN IST EINE FRAU
Regie: Sebastian Nübling, Lars Wittershagen

27.05.2006
FEST (KP)
Leitung: Aurèle Ferrier

27.05.2006
MEHR – WERT (KP)
Leitung: Uwe Heinrich

10.05.2006
DESTINY IST SCHICKSAL (KP)
Leitung: Uwe Heinrich

25.02.2006
LEONCE & LENA
nach Georg Büchner
Regie: Rafael Sanchez

29.10.2005
MISFITS
Regie: Christoph Moerikofer

25.06.2005
BLUT IM SCHUH (KP)
Leitung: Uwe Heinrich

27.05.2005
BEWEISLAGE UNGEKLÄRT (KP)
Leitung: Uwe Heinrich

20.05.2005
ENT-TÄUSCHUNG (KP)
Leitung: Uwe Heinrich

28.01.2005
FUCKING ÅMÅL
von Lukas Moodysson
Regie: Sebastian Nübling

18.06.2004
DER LAUF DER DINGE (KP)
Leitung: Uwe Heinrich

04.06.2004
DAS ARBEITS-LOS (KP)
Leitung: Uwe Heinrich

21.05.2004
GESETZLOS (KP)
Leitung: Uwe Heinrich

14.02.2004
CREEPS
von Lutz Hübner
Regie: Rafael Sanchez

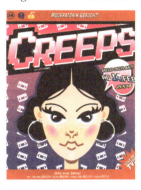

01.11.2003
GESTOHLENES MEER
von Lilly Axster
Regie: Brigitta Soraperra

26.06.2003
KRISENSTUNDE (KP)
von Nigel Williams
nach ‹Klassenfeind›
Leitung: Uwe Heinrich

14.06.2003
… ODER LIEBER DOCH NICHT? (KP)
Leitung: Uwe Heinrich

30.05.2003
MÄNGISCH TRÄUM ICH IM TRAUM (KP)
Leitung: Uwe Heinrich

25.04.2003
ODYSSEE 2003
Regie: Rafael Sanchez

28.03.2003
REIHER (HERONS)
von Simon Stephens
Regie: Sebastian Nübling

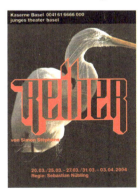

09.11.2002
HELD DER WESTLICHEN WELT
von John M. Synge
Regie: Sebastian Nübling

14.06.2002
S GWÖHNLICHE CHAOS (KP)
Leitung: Uwe Heinrich

02.06.2002
FREMDKÖRPER (KP)
Leitung: Béatrice Goetz

24.05.2002
EXIT (KP)
Leitung: Uwe Heinrich

16.03.2002
LIEB MI!
von Lukas Holliger
Regie: Sebastian Nübling

03.11.2001
WARUM TRÄGT JOHN LENNON EINEN ROCK?
von Claire Dowie
Regie: Rafael Sanchez

22.06.2001
BRENNENDE LIEBE (KP)
von Fitzgerald Kusz
Leitung: Sandra Moser

21.06.2001
TRANSFORMATION (KP)
Leitung: Uwe Heinrich

31.05.2001
INSTITUT FÜR LEBENSLUST (KP)
Leitung: Uwe Heinrich

26.05.2001
THEATER! THEATER! ODER: WAS ICH SCHON IMMER EINMAL SEIN WOLLTE (KP)
Leitung: Sandra Moser

10.02.2001
GLETSCHER SURFEN
von Stephen Greenhorn
Regie: Sebastian Nübling

04.11.2000
DAS HERZ EINES BOXERS
von Lutz Hübner
Regie: Renat Safiullin

14.10.2000
DIE TOCHTER DES GANOVENKÖNIGS (KP)
von Ad de Bont
Leitung: Uwe Heinrich

08.06.2000
ABGEFAHREN (KP)
Leitung: Uwe Heinrich

196/197

19.05.2000
DIE UNGEBORENEN (KP)
Leitung: Uwe Heinrich

09.02.2000
DIE SCHAUKEL
von Edna Mazya
Regie: Sebastian Nübling

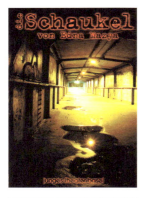

15.09.1999
HIRSCHE UND HENNEN
von Willy Russell
Regie: Corinne Eckenstein

15.06.1999
KÜSS DIE WAND (KP)
Leitung: Daniel Wahl

03.06.1999
GEMÜSEHUHN IM SCHLAFROCK (KP)
Leitung: Uwe Heinrich

05.05.1999
VOLLTREFFER
von Ferry Ettehad
Regie: Benjamin Schiess

10.03.1999
SWEET HAMLET
von Daniel Wahl
Regie: Sebastian Nübling

09.03.1999
GL*AMOUR (KP)
Leitung: Sebastian Nübling

25.11.1998
DISCO PIGS
von Enda Walsh
Regie: Sebastian Nübling

11.09.1998
CAPTAIN HANDICAP (KP)
Leitung: Daniel Wahl

17.06.1998
GIRLS, GIRLS, GIRLS (KP)
Leitung: Sebastian Nüblin

25.03.1998
DIE BANDE
von Nina Pawlowa
Regie: Corinne Eckenstein

18.10.1997
1-2-WINNETOU!
Regie: Daniel Wahl

10.09.1997
DIE NÄCHTE DER SCHWESTERN BRONTË
von Susanne Schneider
Regie: Sebastian Nübling

25.06.1997
VERREIS (KP)
Leitung: Regula Schöni, Martin Zentner

12.05.1997
BRRRAVO GIRLS

12.03.1997
ZETTEL'S TRAUM
von William Shakespeare
Regie: Daniel Wahl

24.06.1996
FRÜHLINGS ERWACHEN (KP)
von Frank Wedekind
Leitung: Maurici Farré

20.06.1996
FRANK & STEIN
von Ken Campbell
Regie: Rafael Sanchez

20.03.1996
DIE MEMPHIS-BROTHERS
von Paul Steinmann
Regie: Paul Steinmann,
Choreografie: Regula Schöni

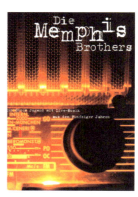

22.11.1995
CLEX
von Tiziana Sarro,
Daniel Wahl

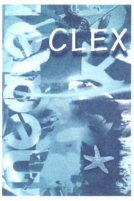

27.09.1995
**BEISPIELE
GEGLÜCKTEN
LEBENS 2**
von Eberhard
Petschinka,
Rafael Sanchez
Regie: Eberhard
Petschinka

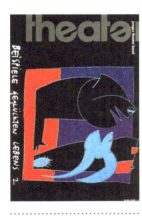

27.06.1995
**HEUTE KEIN UNTER-
RICHT – «CHILDREN'S
HOUR» (KP)**
von Lilian Hellman
Leitung: Regula Schöni,
Martin Zentner

17.05.1995
**DER WIDERSPENSTI-
GEN ZÄHMUNG**
von William
Shakespeare
Regie: Enzo Scanzi

23.11.1994
WIRR BIN ICH?
von Joachim Rittmeyer

27.06.1994
STATT ROMEO (KP)
Leitung: Regula Schöni,
Martin Zentner

20.05.1994
**MORGEN BIN
ICH FORT**
von Paul Steinmann
Regie: Paul Steinmann

24.11.1993
LEONCE UND LENA
von Georg Büchner
Regie:
Wolfgang Beuschel

21.06.1993
CLEO FÄHRT EIN (KP)
Leitung: Regula Schöni,
Martin Zentner

06.02.1993
DUSS FÄHRT AB
von Paul Steinmann
Regie: Paul Steinmann

21.10.1992
**ERZÄHLER DER
NACHT**
von Rafik Schami
Regie: Pesche
Brechbühler

22.06.1992
DIE WELLE (KP)
Leitung: Regula Schöni,
Martin Zentner

03.06.1992
ZIMMER FREI
von Markus Köbeli
Regie: Heidi Fischer

08.01.1992
DRYYSCHLOO
von Paul Steinmann
Regie:
Tinu Niederhauser,
Paul Steinmann

20.09.1991
ROBINSON & CRUSOE
von Nino d'Introna,
Giacomo Ravicchio
Regie:
Wolfgang Beuschel

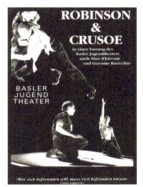

23.11.1990
KASCH MI GÄRN HA!
von Helga Fehrmann,
Jürgen Flügge,
Holger Franke
Regie: Dalit Bloch,
Daniel Buser

10.01.1990
GESCHICHTE VOM SOLDATEN
von C. F. Ramuz
Regie: Sigmund Zebrowski

20.01.1989
ZMITTS DURE
von Paul Steinmann
Regie: Daniel Buser

25.11.1987
DIE ZOFEN
von Jean Genet
Regie: Ingrid Hammer

21.11.1987
WARTEN AUF GODOT
von Samuel Beckett
Regie: Sigmund Zebrowski

08.05.1987
DER SCHATTEN
von Jewgeni Schwarz
Regie: Sigmund Zebrowski

08.03.1986
STURZFLUG
Regie: Urs Steiner

16.08.1985
EIN SOMMERNACHTSTRAUM
von William Shakespeare
Regie: Hansjörg Betschart

06.06.1984
HARTI UND ZARTI
von Hansjörg Betschart
Regie: Hansjörg Betschart, Tula Roy

24.01.1984
DASCH EN ALTE
Regie: Hansjörg Betschart

07.05.1983
ZYT ISCH DO
von Peer Lysander, Suzanne Osten
Regie: Paul Christ

12.11.1982
GIMME SHELTER
von Barrie Keeffe
Regie: Hansjörg Betschart

26.01.1982
SCHISS
Regie: Hansjörg Betschart

07.11.1980
HESCH ÖPPIS?
von Hansjörg Betschart
Regie:
Hansjörg Betschart,
Choreografie:
Cuno Schmidlin

27.10.1979
GOHT'S NO?
nach ‹Dududada›
Teatro del Sole
Regie: Helmut Berger,
Ingrid Hammer

11.11.1978
SPILT'S E ROLLE?
Regie: Helmut Berger,
Ingrid Hammer,
Tomi Streiff

26.10.1978
BISCH UND BLIBSCH E DUBEL!
von Ulrich Gressieker,
Volker Ludwig,
Reiner Lücker
Regie:
Christoph Stratenwerth

03.12.1977
KASCH MI GÄRN HA!
von Helga Fehrmann,
Jürgen Flügge,
Holger Franke
Regie: Helmut Berger,
Ingrid Hammer

30.04.1977
DO FLIPPSCH USS
von Volker Ludwig,
Detlef Michel
Regie: Helmut Berger

(KP) = Kurspräsentation

ALLE BETEILIGTEN DER ERSTEN 40 JAHRE

A Malik Abdi, Vanessa Abegg, Jaap Achterberg, Rahel Ackermann, Loris Acklin, Rolf Adler, Bonnie Adobet, Vivienne Aebi, Lee-Ann Aerni, Odin Aerni, Isa Afflerbach, Lea Agnetti, Conrad Ahrens, Fabian Aiolfi, Fatima Ait Ben Said, Stefania Akrabova, Josef Albani, Anna Dafne Alessi, Oskar Allan, Evianne Allini, Sarah Altenaichinger, Laila Altermatt, Cleo Amacher, Giovanna Amacher, Irina Amstutz, Lucie Anderrüti, Henry Anders, Kelisa Anglin, Leonie Anton, Meret Antony, Darija Arekhi, Sidar Atici, Alix Austin, Nefeli Avgeris **B** Louise Bachelard, Andreas Bächli, Silja Bächli, Rula Badeen, Anton Baecker, Karina Bäggli, Claudio Bagno, Cléa Barbier, Petra Barcal, Vanessa Barth, Meret Barz, Annika Bassi, Cécile Bauer, Aron Baumann, Gianna Baumann, Mirjam Baumann, Yves Baumann, Lorenz Baumgarten, Lea Baur, Riane Baur, Rahel Bay, Alireza Bayram, Lidia Beck, Mirjam Beck, Milena Bee, Puja Behboud, Karen Behmer, Ben Beilharz, Martha Benedict, Marc Benjamin, Becky Berger, David Berger, Deborah Berger, Helmut Berger, Noëmi Berger, Laura Berman, Anouk Bertola, Flurin Bertschinger, Sarah Besch, Salome Bessenich, Hans-Jörg Betschart, Flora Cecilia Betti, Andrea Bettini, Gaia Bettoni, Wolfgang Beuschel, Chiara Bianchi, Karin Biedert, Michelle Bielser, Florian Bieri, Jara Bihler, Lou Bihler, Lukas Binggeli, Stephan Bircher, Céline Bitter, Axel Bitterli, Sascha Bitterli, Michelle Blaser, Nicolai Bleskie, Dalit Bloch, Pascal Bloch, David Blunden, Jan Bluthardt, Laura Bodenmann, Beatrice Boenzli, Lou Boessinger, Frank Böhle, Eva Böhmer, Bojana Bojic, Nadia Böller, Daniela Bolliger, Salome Bolliger, Leonie Bolzern, Olivier Boog, Daniel Boos, Geraldine Borer, Ernst Born, Nadine Born, Nora Born, Patrick Boss, Sophie Boss, Nina Bosshard, Thomas Braunwalder, Pesche Brechbühler, Nadja Breitenstein, Rebecca Breitestein, Eva Brenner, Benjamin Brodbeck, Daniel Brodbeck, Pirkko Brönnimann, Charlie Brooke, Stephanie Brückner, Solvejg Bruderer, Boris Brüderlin, Iris Brugger, Kathrin Brülhart, Joshua Brunner, Raphael Brunner, Sophie Brunner, Anna Lena Bucher, Martin Buchholz, Anina Büchsenbacher, Jascha Buff, Melanie Bühler, Sarah Bühlmann, Aline Bumann, Livia Burckhardt, Julie Burkardt, Regina Burkhardt, Daniel Buser, Laurin Buser, Tabea Buser, Nicolas Büttiker, Samuel Büttler, Johanna Büttner, Eva Butzkies, Daina Byun **C** Vera Caggegi, Fabrizio Calmucco, Mara Caminati, Giulia Castagnaro, Claudia Castrischer, Marionna Catomhas, Corina Caviezel, Yusuf Çelik, Neilita Chaaban, Sasilada Charoensuk, Paul Christ, Deborah Christener, Božena Čivić, Danielle Clamer, Gérard Cleven, Doğan Çoban, José Coca Loza, Léon Cremonini, Orad Cserni Chidiosan, Judith Cuénod **D** Marco Dahinden, Claudia Dannehauer, Raffaela Darvas, Hilarius Dauag, Andrea David, Victor de la Fuente, Delia de los Santos-Antonuzzo, Miriam de Maa, Erik de Quero, Suleika Debelle, Brad Decker, Fabian Degen, Fine Degen, Jan Degen, Anja Delz, Jean-Marc Desbonnets, Lea-Annina Deutsch, Asia Di Savino, Aida Diaw, Luitgard Diehl, Bettina Dieterle, Lukas Dietschy, Binia Dietz, Samanta Dill, Maryam Diouf, Pamina Dittmann, Andi Döbeli, Armando Dotto, Thomas Douglas, Nina Dubach, Susanne Dubach, Flavian Dürrenberger, Bryony Dwyer **E** Nadine Eberhard, Sara Eberhart, Christin Eberle, Mira Eberle, Anna Ebner, Corinne Eckenstein, Edgar Eckert, Lina Eckert, Rebecca Eckert, Mirjam Egli, Martina Ehleiter, Julia Eigenheer, Robert Eisele, Sven Eisenhut, Jason Emer, Nick Eminger, Sabine Emmenegger, Rojan Emrani, Katharina Endt, Ursi Engel, Gilbert Engelhard, Jörg Engelhard, Maik Epple, Noëmi Erig, Laura Ettlin, Bernhard Eymann **F** Jael Faedi, Nathalie Fähndrich, Maurici Farré, Berta Farré-Zenklusen, Lena Farré-Zenklusen, Nora Farronato, Oriana Fasciati, Fabian Faulstich, Sina Fehlbaum, Lucia Felix, Franca Fellmann, Rosanna Ferahll, Aurèle Ferrier, Odine Fiechter, Olivia Fierz, Klaus Figge, Erich Fischer, Fridolin Fischer, Heidi Fischer, Valentin Fischer, Roger Flückiger, Tanja Flückiger, Fabrizia Flühler, Alistair Freeland, Diana Frei, Sandro Frei, Alex Freihart, Philipp Freise, Oliver Frentzel, Giovanna Frey, Thomas Frey, Martin Friedli, Anna Fries, Helen Frigeri, Nicola Fritzen, Martin Fuchs, Flois Füllemann, Zoé Fürer, Laura Furlanetto, Markus Fürst **G** Assunta Gabriel, Manuel Gagneux, Olivier Gagneux, Tilla Gallay, Marisa Gawron, Simon Geiger, Denise Geiser, Donata Gentinetta, Anna Gerber, Carmen Gerber, Céline Gerber, Markus Gerber, Simon Gerber, Thierry Gerber, Muriel Gerstner, Jafar Ghaffarnejad, Lavinia Giamboni, Marco Gianini, Bianca Giessler, Claude Giger, Yu-Sen Gigli, Patrizia Giglio, Gwendolin Gilliéron, Moïra Gilliéron, Nadin Gilroy, Markus Gisin,

Andreas Gisler, Nathalie Glaser, Benjamin Glass, Sheila Glasz, Christine Glauser, Hannes Goerner, Alex Goetz, Béatrice Goetz, Anna Gordos, Fabienne Götsch, Flavia Graber, Charlotte Graf, Dilan Graf, Philippe Graff, Lukas Graser, Julian Gresenz, Maarten E. Greve, Ilaria Grillo, Milla Grobéty, Martina Grohmann, Bettina Grossenbacher, Simon Grossenbacher, Marcus Grube, Kurt Grünenfelder, Nico Grüninger, Nadia Guerrero Ragaglia, Silja Guetg, Elizabeth Guo, Suna Gürler, Gwendolyn Gut **H** Than Tu Ha, Andrin Haag, Nora Haak, Leila Hächler, Lena Haering, Kurt Hafen, Larrissa Hage, Katja Hagedorn, Sebastian Hagen Palladino, Mirjam Hagmann, Andrew Hale, Gina Haller, Nathan Haller, Anne-Christine Halter, Lou Haltinner, Ingrid Hammer, Janine Hammer, Alma Handschin, Lorena Handschin, Sabina Handschin, Regina Häni, Tanya Häringer, Jenny Harland, Dorothea Harpain, Rosa Hart, Tessa Harvey, Carl Häser, Anne Haug, Lucien Haug, Ludwig Haugk, Georg Hausammann, Sarah Heiligtag, Valentin Heim, Uwe Heinrich, Leon Heinz, Aurelia Heitz, Tanja Helmert, Nicole Henning, Sira Henschen, Blanca Hernandez, Nina Herrmann, Nico Herzig, Yossi Herzka, Meret Herzog, Johannes Heydrich, Lisa Heyl, Raphael Hilpert, Doris Hintermann Masi, Elin Hirsch, Barbara Hirt, Bettina Höchli, Anton Hoedel, Kenza Hofer, Remo Hofer, Geraldine Hofmann, Xenia Hofmeier, Endre Holéczy, Dominik Holzer, Georg Holzner, Sinje Homann, Mélanie Honegger, Sebastian Hoppe, Lara Hörler, Mahalia Horvath, Nora Howald, Robert Hranchny, Matthias Huart, Adrian Huber, Ambrosius Huber, Dominic Huber, Timon Huber, Simona Hübner, Claudia Huck, Malin Hunziker, Marisa Hunziker, Stephanie Hunziker, Myrtha Hürbi **I** Ivan Imbrogiano, Gerhard Imbsweiler, Alina Immoos, Salome Immoos, David Imper, Lara Imwinkelried, Laura Ineichen, Katrin Irion, Timothy Iselin, Sabie Ismaili, Leila Ivarsson **J** Pascale Jaccoud, Ueli Jäggi, Anne Jäggy, Kai Jauslin, Salomé Jean-Richard, Anina Jendreyko, Alejandra Jenni, Claudia Jenni, Marco Jenni, Reinhold Jentzen, Mayra Jenzer, Marija Jeremic, Ursula Jerg, Renate Jett, Meret Jobin, Bernadette Johnson, Carmen Joppen Pita, Franziska Joppen Pita, Stephanie Jordan, Flynn Jost, Manon Jourdan, Guillaume Joyet, Urs Jucker, Dominique Jullien, Anna Jungen **K** Florentine Kaczmarek, Joanna Kamm, Eva Kammerer, Delal Kanas, Daphne Karaman, Elif Karci, Daniel Karrer, Stefan Karrer, Fabienne Kaufmann, Maxine Kazis, Reto Keiser, Delia Keller, Johannes Keller, Miran Keller, Peter Keller, Sina Keller, Peter Kelting, Michael Kempf, Julian Kestler, Niclas Kiss, Sara Kittelmann, Anouk Kleiber, David Klein, Gonne Klein, Melina Kleiner, Sara Klieber, Inge Klossner, Anne-Catherine Knöchelmann, Ernst Knopf, Sonja Knöpfel, Luca Kocabas, Ariane Koch, Cornelia Koch, Joshua Koch, Michael Koch, Tobias Koch, Lenya Koechlin, Anton Kohler, Jennifer Kohler, Jessica Kolberg, Anna König, Lara Körte, Maria Kösters, Yasin Kourrich, Sebastian Krähenbühl, Xenia Kramer, Oliver Krättli, Antoinette Krenger, Corina Krüttli, Silvan Kubli, Lilian Kuenzler, Siddharth Kumar, Irina Rosa Kumschick, Jana Kunsch, Sibylle Kunz, Mathis Künzler, Sujit Kuruvilla, Markus Küry, Luisa Kussmann **L** Elena Lachenmeier, Leila Ladhari, Hugo Laing, Stephanie Lais, Aileen Lakatos, Lisa Lang, Yvonne Lang, Johanna Langner, Polly Lapkovskaja, Simone Lappert, Till Lauer, Ayla Lautenschlager, Talia Lavater, Nadine Lee, Julia Lehner, Elio Leu, Dominik Leuenberger, Julia Leuenberger, Marie Leuenberger, Ursula Leuenberger, Thierry Levy, Daniel Lévy, Samira Liebendörfer, Sarah Liebert, Marie-Louise Lienhard - Ullrich, Anna Linsalata, Maxime Lisbig, Cosima Locher, Julia Lochte, Gian Löffler, Rosetta Lopardo, Lisa Lüdi, Zaira Lurvink, Angelika Lüscher, Dominik Lüthi, Rabea Lüthi, Michel Lütolf, Liona Lutz, Jael Lützelschwab, Julia Lützelschwab, Thomas Luz **M** Franziska Machens, Felicia Mächler, Caroline Macian, Sabine Mack, Mirjam Madöry, Catérine Maeder, Aline Mägli, Fides Maier, Nicolas Maier, Carla Maiolino, Manuela Manetta, Catherine Manigley, Elena Manuel, Mario Marchisella, Andrea Marcon, Cheyco Marioni, Deborah Marles, Lea Martens, Bianca Marti, Lea Marti, Tabea Martin, Thomas Martin, Benjamin Mathis, Isabelle Mati, Peter Matt, Max Maurer, Ann Mayer, Alister Mazzotti, Sean McDonagh, Tim Mead, Silvia Medina, Kim Sophie Meerholz, Rosa-Lin Meessen, Alex Megert, Sophia Megert, Katja Meier, Mattia Meier, Sabrina Meier, Rösli Meili, Shane Mendoza, Deborah Merz, Silke Merzhäuser, Khadija Merzougue, Madleina Metzger, Leila Meyer, Lorenz Meyer, Marlene Michaelis, Clara Michel, Manuel Miglioretto, Anuk Miladinovic, Cilio Minella, Elias Minssen, Christoph Moerikofer, Manon Mohn, Ariane Mollet, Matthias Mooij, Isabelle Moor, Sandra Mosbacher, Noelle Mösch, Beatrice Moser, Joelle Moser, Matthias Moser, Sandra Moser, Ursina Mück, Anna-Katharina Mücke, Melika Mueller, Steve Mulholland, Christian Müller, Eva Müller, Fabian Müller, Felix Müller, Hans Jürg Müller, Janine Müller, Paula Müller, Rajni Müller, Raphaël Müller, Anselm Müllerschön, Sibylle Mumenthaler,

Marion Münch, Melanie Münch, Alice Mundschin, Meret Mundwiler, Joris Mundwyler, Timo Muttenzer **N** Andrea Nägelin, Rick Nellestein, Mireille Neuhaus, Anh Nguyen, Giuna Nichele, Jelin Nichele, Robin Nidecker, Tinu Niederhauser, Singoh Nketia, Judith Notter, Sebastian Nübling, Roger Nydegger, Claude Nyfeler, Ursula Nyffeler **O** Ricarda Oberholzer, Clea Onori, Lorin Onori, Nives Onori, Zsofia Oroszlan, Romeo Orsini, Celine Osswald, Leonie Ott, Jasmin Otterburg **P** Nicola Palandt, Barbara Palvin, Tristan Parrat, Bianca Pasotti, Sandra Passardi, Kristina Pavlovic, Sofia Pavone, Delia Pedrazzini, Yaren Peker, Arvin Jairus Perez, Grazia Pergoletti, Audrey Perrin, Shanti Perusset, Salomé Pestalozzi, Jara Petersen, Regina Petraschke, Eberhard Petschinka, Eileen Pfenninger, Michael Pfeuti, Anna Pietrafesa, Arthur Pilorget, Mira Plüss, Annina Polivka, Peter Portmann, Raphaela Portmann, Ursula Portmann, Julia Pregger, Maximilian Preisig, Peter Pruchniewitz, Ian Purnell **Q** Margaux Queval, **R** Philippe Racine, Yvonne Racine, Loredana Radicevic, Anina Ramp, Larissa Rapold, Alma Rau, Rachel Rauber, Silvan Rechsteiner, Almuth Regenass, Sabina Reich, Pascal Reinhard, Tizian Reist, Urs Reusser, Ana Reynaert, Susan Reznik, Larissa Rhyn, Jürg Rieder, Yanik Riedo, Walter Stephan Riedweg, Marisa Rigas, Michèle Ringeisen, Rona Riniker, Miriam Rink, Sanja Ristic, Lena Rittmeyer, Isabel Robson, Nicki Rohrbach, Sebastian Röhrle, Olivia Ronzani, Dina Roos, Carolin Rösslein, Nora Roth, Rolf Roth, Tabea Rothfuchs, Yael Rothschild, Eva Rottmann, Lisa Roulet, Corina Rovira, Tula Roy, Florence Ruckstuhl, Maru Rudin, Natascha Rudin, Caroline Rüdisühli, Melanie Rueger, Brigitte Rüetschli, Rudolf Ruf, Jeanne Rüfenacht, Mona Rupp, Antonio Russo, Leo Russo, Hannes Rüttimann **S** Marcelle Saameli, Renat Safiullin, Arzu Saglam, Stefan Sahli, Johanna Salathé, Lydia Salzer, Nicole Sami, Mia Sanchez, Rafael Sanchez, Stefanie Saner, Chari Santos, Lucy Sarasin, Tiziana Sarro, Nayo Sauter, Fabio Savoldelli, Noëmi Savoldelli, Zeynep Sayin, Alessandro Scagnet, Enzo Scanzi, Nadia Schaad, Michelle Schachtler, Lia Schädler, Annekäthi Schaffer, Tina Schai, Lea Schäppi, Smilla Schär, Patricia Schärer, Simone Schärer, Steven Scharf, Michel Schassmann, Andrea Schaub, Larissa Scheffler, Andrea Scheidegger, Simone Schelker, Rena Schenke, Mirjam Scheurer, Giacomo Schiavo, Seraina Schib, Christof Schiefer, Benjamin Schiess, Cynthia Schmassmann Coray, Aischa Schmid, Alexander Schmid, Claudia Schmid, Jonas Schmid, Roland Schmid, Sarah Schmid, Simone Schmid, Robert Schmid-Born, Cuno Schmidlin, Leyla Schmidlin, Thierry Schmidlin, Yannik Schmöller, Julian Schneider, Ursula Schneider, Monica Schneiter, David Schönauer, Regula Schöni, Simone Schoop, William Schorner, Sonja Schrago, Fiona Schreier, Julius Schröder, Isabelle Schubiger, Bettina Schucan, Viva Schudt, Fabienne Schürch, Anna Schürmann, Milo Schwager, Rita Schwager, Marcel Schwald, Ariane Schweizer, Philip Schwendt, Oona Seckinger, Annigna Seiler, Susi Seiler, Daniela Serrao, Nurdan Sezer, Eva Sidler, Stephan Sieber, Anna Siegrist, Ledwina Siegrist, Yvonne Siemann, Lena M. Signer, Laura Simma, Helena Simon, Anouk Simonet, Björn Singer, Erdina Skalic, Tatjana Smith, Arthur Sobrinho, Nadege Sogbadji Chivor, Louisa Soiron, Brigitta Soraperra, Naila Soula, Adam Sowulewski, David Speiser, Sarah Speiser, Andrea Spicher, Ladina Spörri, Evelyn Stadelmann, Sandra Stadler, Lian Staehelin, Noëmi Stähli, Iris Stalder, Corinne Stampfli, Gabriel Starobinski, Sina Staub, Lukas Stäuble, Cara Stauffenegger, David Stauffer, Reinhard Stehle, Lea Stein, Martin Steiner, Michael Steiner, Urs Steiner, Judith Steinmann, Paul Steinmann, Noemi Steuerwald, Sina Stingelin, Yvonne Stocker, Simone Stöcklin, Sonja Stöcklin, Maja Stolle, Juri Stork, Cathrin Störmer, Christoph Stratenwerth, Florence Strebel, Julia Streicher, Thomas Streiff, Nicolas Streit, Melanie Studer, Sibylle Studer, Kay Studinger, Lea Studinger, Iken Sturm, Roland Suter, Miska Szöcs, **T** Sandro Tajouri, Regine Tanner, Katarina Tereh, Julian Terzetti, Manuel Teuscher, Saskia Thomi, Suzanne Thommen, Selina Thüring, Christine Thurnheer, Ives Thuwis - De Leeuw, Klara Till, Gina Töngi, Pablo Tosin, Ursula Trachsel, Yorick Traunecker, Anat Treubig, Danit Treubig, Anna Trümpy, Linh Truong, Sandrine Tschopp, Kim Tschudin, Andreas Tschui, David Tushingham **U** Lucia Uebersax, Bruno Ugazio, Antoinette Ullrich, Laurent Ullrich, Alexander Urbanczik **V** Zoe Vaistij, Noa Valks, Zoë Valks, Felicia van Kleef, Moni Varga, Jacqueline Visentin, Raphael Voellmy, Nadia Vögtle, Alexandra Vögtli, Daniela Vollmer, Gabriel Völlmin, Alexandra von Gatterburg, Balbina von Laer, Letizia von Laer, Katharina von Rütte, Anna von Zerboni, Nora Vonder Mühll **W** Denis Wagner, Nina Wagner, Patricia Wagner, Daniel Wahl, Olivia Wahl, Nadine Waldner, Gina Walter, Heini Weber, Sunda Wegener, Tjefa Wegener, Kathrin Wehlisch, Paul Weibel, Sebastian Weisskopf, Myrtha Wenger, Viola Wenger, Ursula Werdenberg, Linda Werner,

Sandra Werner, Franziska Wernicke, Silvia Wetz, Philip Whitfield, Michèle Widmer, Ruth Widmer, Lilia Widrig, Jan Wiedmer, Flurina Wieler, Salomé Wieler, Dan N. Wiener, Xenia Wiener, Marie Lola Wili, Magda Willi, Michael Wipf, Pascal Wirt, Mara Wirthlin, Katharina Wiss, Estelle Witmer, Lars Wittershagen, Laura Wohnlich, Susanne Wolf, Justina Wollmann, Yves Wüthrich, Sumi Wydler, Yael Wyler, Esther Wyss, Jürg Wyttenbach **Z** Fabienne Zahnd, Vivian Zatta, Sigmund Zebrowski, Martin Zentner, Anja Zgorelec, Bruno Zihlmann, Julie Zimmer, Katrin Zimmermann, Michael Zimmermann, Evelyne Zinsstag, Muriel Ziörjen, Dounya Zorzetti, Nik Zuber, Stanislaw Zytynski

BILDNACHWEIS

Der Herausgeber hat sich bemüht, sämtliche Copyright-Inhaber ausfindig zu machen und ihr Einverständnis zum Abdruck einzuholen. Falls Copyright-Inhaber übersehen wurden, bitten wir die Betroffenen, sich mit dem *jungen theater basel* in Verbindung zu setzen.

Boris Brüderlin, Seite 67
Klaus Fröhlich, Seite 27
Lukas Galantay, Seiten 17, 152
Claude Giger, Seiten 10, 11, 13, 68, 69, 75, 81, 89, 90/91, 92/93, 94/95, 96/97, 101, 102/103, 121, 122/123, 124/125, 126/127, 128/129, 130/131, 133, 134/135, 138/139, 140/141, 142/143, 144, 154, 155, 162/163, 166/167, 168/169, 174/175, 177, 178/179, 180
Suna Gürler, Seiten 117, 187
Uwe Heinrich, Seiten 1, 14, 18, 19, 20, 23, 25, 29, 30, 33, 37, 38/39, 44/45, 47, 48/49, 50/51, 52/53, 54/55, 57, 58/59, 60/61, 62/63, 64, 71, 72, 73, 76, 77, 82/83, 98/99, 104, 106, 108, 110, 111, 112, 113, 116, 146, 148, 151, 156, 157, 183, 184, 185, 188, 189
Sebastian Hoppe, Seiten 15, 86/87
Matthias Horn, Seiten 24, 42/43
Birgit Hupfeld, Seiten 13, 32, 84/85
Peter Schnetz, Seiten 9, 155, 161, 164, 170/171, 173
spleen*graz 2010/C.Nestroy, Seite 115
Sandra Then, Seite 41
Nurith Wagner-Strauss, Seite 64

DANK

Diese Publikation wurde ermöglicht durch Beiträge der Christoph Merian Stiftung, der Bürgergemeinde der Stadt Basel, des Swisslos-Fonds Basel-Stadt, des Swisslos-Fonds Kanton Aargau, von Olivier Müller, des Swisslos-Fonds Kanton Solothurn, der Schild-Däster-Stiftung, der Jubiläumsstiftung der Basellandschaftlichen Kantonalbank, der Stiftung Ladies First und von Gönnerinnen und Gönnern, die ungenannt bleiben wollen.

Insbesondere bedanken wir uns auch bei allen, die zur Entstehung dieses Buches beigetragen haben, sowie bei den rund tausend Mitwirkenden am *jungen theater basel,* die die vierzigjährige Geschichte dieses Hauses auf vielfältige Weise mitgeprägt haben, und nicht zuletzt gilt unser Dank den einigen hunderttausend Zuschauerinnen und Zuschauern, die bisher unsere Gäste waren.

IMPRESSUM

Bibliografische Information der Deutschen Nationalbibliothek: Die Deutsche Nationalbibliothek verzeichnet diese Publikation in der Deutschen Nationalbibliografie; detaillierte bibliografische Daten sind im Internet über http://dnb.dnb.de abrufbar.

© 2017 Christoph Merian Verlag

Alle Rechte vorbehalten; kein Teil dieses Werkes darf in irgendeiner Form ohne vorherige schriftliche Genehmigung des Verlags reproduziert oder unter Verwendung elektronischer Systeme verarbeitet, vervielfältigt oder verbreitet werden.

Konzept: Uwe Heinrich, Alfred Schlienger, Basel
Redaktion und Interviews: Alfred Schlienger, Basel
Lektorat: Rosmarie Anzenberger, Basel
Gestaltung und Bildredaktion: Thomas Dillier,
    Bureau Dillier, Basel
Druck: Eberl Print GmbH, Immenstadt
Bindung: Josef Spinner Großbuchbinderei GmbH,
    Ottersweier
Schriften: Bau, Suisse Neue
Papier: Munken Lynx Rough 120 g/m^2,
    Maxi Gloss 135 g/m^2
Schutzumschlag: Hi-Tech gloss, silber glänzend 190 g/m^2

ISBN 978-3-85616-849-0
www.merianverlag.ch